A MIDDLE HIGH GERMAN PRIMER

ALSO FROM TIGER XENOPHON

Kennedy's New Latin Primer
BENJAMIN HALL KENNEDY
Revised by Gerrish Gray
(available in US and UK editions)

From Latin to Italian
CHARLES H. GRANDGENT

Grammaire Élémentaire de l'Ancien Français
JOSEPH ANGLADE

A Greek Grammar
WILLIAM W. GOODWIN

An Anglo-Saxon Primer
HENRY SWEET

Grammar of the Gothic Language
JOSEPH WRIGHT

ALSO FROM TIGER OF THE STRIPE

The Student's Dictionary of Anglo-Saxon
HENRY SWEET

**The History of English Handwriting
A.D. 700–1400**
SIR EDWARD MAUNDE THOMPSON

A MIDDLE HIGH GERMAN PRIMER

WITH GRAMMAR, NOTES
AND GLOSSARY

JOSEPH WRIGHT

former Fellow of the British Academy
& Professor of Comparative Philology
at the University of Oxford

REPRINTED FROM THE
THIRD EDITION

TIGER ❚ XENOPHON

This edition first published
in 2008 by
TIGER XENOPHON
50 Albert Road
Richmond
Surrey TW10 6DP
United Kingdom

TIGER XENOPHON
is an imprint of
TIGER OF THE STRIPE

© Tiger of the Stripe 2008
All rights reserved

ISBN 978-1-904799-26-9

Printed & bound in the
United Kingdom
and the United States by
Lightning Source

EXTRACTS FROM THE PREFACES TO THE FIRST AND SECOND EDITIONS

THE present book has been written in the hope that it will serve as an elementary introduction to the larger German works on the subject from which I have appropriated whatever seemed necessary for the purpose. In the grammar much aid has been derived from Paul's *Mittelhochdeutsche Grammatik*, second edition, Halle, 1884, and Weinhold's *Mittelhochdeutsche Grammatik*, second edition, Paderborn, 1883. The former work, besides containing by far the most complete syntax, is also the only Middle High German Grammar which is based on the present state of German Philology. . . . I believe that the day is not far distant when English students will take a much more lively interest in the study of their own and the other Germanic languages (especially German and Old Norse) than has hitherto been the case. And if this little book should contribute anything towards furthering the cause, it will have amply fulfilled its purpose.

LONDON: *January*, 1888.

WHEN I wrote the preface to the first edition of this primer in 1888, I ventured to predict that the interest of English students in the subject would grow and develop as time went on, but I hardly expected that it would grow so much that a second edition of the book would be required within so short a period. It has been revised throughout, and several changes have been made in the phonology, but I have not thought it advisable to alter the general plan and scope of the former edition. After many years of personal experience as a teacher and examiner in the older periods of the German language, I have become firmly convinced that the larger books on the subject contain too many details for beginners. I feel sure that the easiest and best way to acquire a thorough knowledge of Middle High German is to start with an elementary book like the present, and then to learn the details of the grammar, especially the phonology of the various dialects, from a more advanced work.

OXFORD: *December,* 1898.

PREFACE TO THE THIRD EDITION

In the preparation of the new edition, I have steadily kept in view the class of students for whom the book was originally written. When the first edition appeared twenty-eight years ago, there were very few students in this country who took up the serious study of the older periods of the various Germanic languages at the Universities. In late years, however, the interest in the study of these languages has grown so much that Honour Courses and Examinations in them have been established at all our Universities. The result is that a book even intended for beginners can now reasonably be expected to be of a higher standard than the previous editions of this Primer. The grammatical introduction has accordingly been entirely rewritten and expanded to more than twice its original size. The texts have also been nearly doubled by the addition of eighteen poems from Walther von der Vogelweide, and selections from Reinmar, Ulrich von Lichtenstein, and Wolfram von Eschenbach.

The greater part of Middle High German literature is so excellent and interesting that most students, who have mastered the grammatical introduction and read the texts in the Primer, will doubtless desire to continue the subject. Such students should procure a copy of either the *Mittelhochdeutsche Grammatik* by Hermann Paul, eighth edition, Halle, 1911, or the *Mittelhochdeutsches Elementarbuch* by Victor Michels, second edition, Heidelberg, 1912, where the

Grammar, especially the phonology and syntax, can be studied in greater detail. They should also procure a copy of the *Mittelhochdeutsches Taschenwörterbuch* by Matthias Lexer, tenth edition, Leipzig, 1910, and also have access to the two standard Middle High German dictionaries—*Mittelhochdeutsches Wörterbuch mit Benutzung des Nachlasses von Georg Friedrich Benecke*, ausgearbeitet von Wilhelm Müller und Friedrich Zarncke, drei Bände, Leipzig, 1854-61, and *Mittelhochdeutsches Wörterbuch*, von Matthias Lexer, zugleich als Supplement und alphabetischer Index zum *Mittelhochdeutschen Wörterbuch* von Benecke-Müller-Zarncke, drei Bände, Leipzig, 1872-78. An excellent bibliography of the best editions of the Middle High German texts—classified according to the dialects in which they were written—will be found on pp. 20-35 of Michels' *Elementarbuch*.

May the new edition of the Primer continue to further the study of the subject in the future to the same extent as it has done in the past!

JOSEPH WRIGHT.

OXFORD,
October, 1916.

CONTENTS

PAGES

INTRODUCTION 1
The classification of the MHG. dialects (§ 1).

CHAPTER I

THE VOWELS 2-22
The MHG. alphabet (§ 2). Pronunciation of the MHG. vowels (§ 3). Phonetic survey of the MHG. vowel-system (§ 4). The OHG. equivalents of the MHG. vowels (§ 5). The characteristic differences between OHG. and MHG. (§ 6). The weakening of unaccented vowels (§§ 7-8). The loss of unaccented vowels (§ 9). Umlaut (§ 10). The MHG. equivalents of the OHG. vowels (§ 11). Ablaut (§ 12). Other vowel changes (§§ 13-18).

CHAPTER II

THE CONSONANTS 22-35
Pronunciation of the consonants (§§ 19-20). Phonetic survey of the MHG. consonants (§ 21). Characteristic differences between High German and the other West Germanic languages (§ 22). The High German sound-shifting (§§ 23-7). The interchange between pf, b and f; k, g and h; ʒʒ, ʒ and ss, s (§ 28). The loss of the guttural nasal ŋ (§ 29). Verner's Law (§ 30). The doubling of consonants (§ 31). The simplification of double consonants (§ 32). The interchange between the lenes and the fortes (§ 33). Interchange between medial h and final ch (§ 34). Initial and medial j (§ 35). Medial and final w (§ 36). The loss of intervocalic b, d, g (§ 37). The loss of intervocalic h (§ 38). The loss of final r (§ 39). The change of medial t to d after nasals and l (§ 40).

CHAPTER III

DECLENSION OF NOUNS 36-46
    Introductory remarks (§ 41).
    A. The vocalic or strong declension:—Masculine nouns (§§ 42-5); Neuter nouns (§§ 46-7); Feminine nouns (§§ 48-9).
    B. The weak declension (§§ 50-3).
    C. Declension of proper names (§ 54).

CHAPTER IV

ADJECTIVES 46-52
    A. The declension of adjectives (§§ 55-6).
    B. The comparison of adjectives (§§ 57-9).
    C. The formation of adverbs from adjectives (§§ 60-1).
    D. Numerals (§§ 62-4).

CHAPTER V

PRONOUNS 53-57
    Personal (§ 65). Reflexive (§ 66). Possessive (§ 67). Demonstrative (§ 68). Relative (§ 69). Interrogative (§ 70). Indefinite (§ 71).

CHAPTER VI

VERBS 57-75
    Classification of MHG. verbs (§ 72).
    A. Strong verbs:—The conjugation of the model strong verb nëmen (§§ 73-4). Class I (§§ 76-7). Class II (§§ 78-80). Class III (§ 81). Class IV (§ 82). Class V (§§ 83-4). Class VI (§§ 85-6). Class VII (§ 87).
    B. Weak Verbs:—Classification of MHG. weak verbs (§§ 88-9). Class I (§ 90). Class II (§ 92).
    C. Minor groups:—Preterite-presents (§ 93). Anomalous verbs (§§ 94-8). Contracted verbs (§ 99).

CHAPTER VII

SYNTAX 75–78
PAGES

Cases (§§ 100–2). Adjectives (§ 103). Pronouns (§ 104). Verbs (§§ 105–7). Negation (§ 108).

TEXTS:—

I. Berthold von Regensburg . . .	79–83
II. The Swabian Lantrehtbuoch . . .	83–85
III. Hartman von Ouwe	86–116
IV. Walther von der Vogelweide . . .	116–133
V. Reinmar	133–139
VI. Ulrich von Lichtenstein	140–148
VII. Das Nibelungen-Lied	149–158
VIII. Wolfram von Eschenbach . . .	158–168

NOTES 169–171

GLOSSARY 172-213

ABBREVIATIONS, ETC.

Goth. = Gothic
Gr. = Greek
HG. = High German
Lat. = Latin
MHG. = Middle High German
NHG. = New High German
OE. = Old English

OHG. = Old High German
OS. = Old Saxon
P. Germ. = Primitive Germanic
UF. = Upper Franconian
UG. = Upper German

The asterisk * prefixed to a word denotes a theoretical form, as MHG. wärmen from *warmjan, to warm.

In representing prehistoric forms the following signs are used :— þ (= th in Engl. thin), đ (= th in Engl. then), ƀ (= a bilabial spirant, which may be pronounced like the v in Engl. vine), ʒ (= g often heard in German sagen), χ (= NHG. ch and the ch in Scotch loch), ŋ (= n in Engl. sunk).

GRAMMAR

INTRODUCTION

§ 1. MIDDLE HIGH GERMAN

MIDDLE HIGH GERMAN (MHG.) embraces the High German language from about the year 1100 to 1500. It is divided into three great dialect-groups: Upper German, Franconian, and East Middle German.

1. Upper German is divided into: (*a*) Alemanic, embracing High Alemanic (Switzerland), and Low Alemanic (South Baden, Swabia, and Alsace). (*b*) Bavarian, extending over Bavaria and those parts of Austria where German is spoken.

2. Franconian (West Middle German), which is subdivided into Upper Franconian and Middle Franconian. Upper Franconian consists of East Franconian (the old duchy of Francia Orientalis) and Rhenish Franconian (the old province of Francia Rhinensis), Middle Franconian extending over the district along the banks of the Moselle and of the Rhine from Coblence to Düsseldorf.

3. East Middle German, extending over: Thuringia, Upper Saxony, and Silesia.

Since it is impossible to deal with all these dialects in an elementary book like the present, we shall confine ourselves almost exclusively to Upper German, and shall only deal with that period of Middle High German which extends from about 1200 to 1300.

PHONOLOGY

CHAPTER I

THE VOWELS

§ 2. MHG. had the following simple vowels and diphthongs :—

Short vowels a, ä, ë, e, i, o, u, ö, ü.
Long   „   ā, æ,   ē, ī, ō, ū, œ, iu.
Diphthongs   ei, ie, ou, uo, öu (eu), üe.

NOTE.—ë represents primitive Germanic e (= Gr. ε, Lat. e, as in Gr. δέκα, Lat. decem, MHG. zëhen, *ten*) and is generally written ë in Old and Middle High German grammars, in order to distinguish it from the OHG. umlaut-e (§ 10). The former was an open sound like the e in English bed, whereas the latter was a close sound like the é in French été. ä was a very open sound nearly like the a in English hat, and arose in MHG. from the i-umlaut of a (§ 10). Good MHG. poets do not rhyme Germanic ë with the umlaut-e, and the distinction between the two sounds is still preserved in many NHG. dialects. In like manner the modern Bavarian and Austrian dialects still distinguish between ä and ë. In the MHG. period ä, ë, and e were kept apart in Bavarian, but in Alemanic and Middle German ä and ë seem to have fallen together in ë or possibly ä, as the two sounds frequently rhyme with each other in good poets. MHG. texts do not always preserve in writing the distinction between the old umlaut-e and the MHG. umlaut-ä, both being often written e in the same text.

The Vowels

PRONUNCIATION OF THE VOWELS.

§ 3. The approximate pronunciation of the above vowels and diphthongs was as follows:—

a	as in NHG. m*a*nn	m*a*n, *man*.
ā	,, ,, Engl. f*a*ther	hāt, *has*.
ä	,, ,, ,, man	mähte, *powers*.
æ	,, ,, ,, *a*ir	lære, *empty*.
ë	,, ,, ,, m*e*n	hëlfen, *to help*.
e	,, ,, Fr. *été*	geste, *guests*.
ē	,, ,, NHG. r*e*h	sē, *sea*.
i	,, ,, Engl. b*i*t	biten, *to beg*.
ī	,, ,, ,, w*ee*n	wīn, *wine*.
o	,, ,, ,, p*o*t	golt, *gold*.
ō	,, ,, NHG. t*ō*t	tōt, *dead*.
u	,, ,, Engl. p*u*t	guldīn, *golden*.
ū	,, ,, ,, f*oo*l	hūs, *house*.
ö	,, ,, NHG. l*ö*cher	löcher, *holes*.
œ	,, ,, ,, sch*ö*n	schœne, *beautiful*.
ü	,, ,, ,, f*ü*llen	vüllen, *to fill*.
iu	,, ,, ,, m*ü*de	hiuser, *houses*.
ei = e + i		stein, *stone*.
ie = i + e		knie, *knee*.
ou = o + u		ouge, *eye*.
öu (eu) = ö *or* e + ü		dröuwen, *to threaten*.
üe = ü + e		grüezen, *to greet*.
uo = u + o		bruoder, *brother*.

To the above list should be added the MHG. e in unaccented syllables, which mostly arose from the weakening of the OHG. full vowels, as OHG. zunga, *tongue*, hirti, *shepherd*, namo, *name*, fridu, *peace* = MHG. zunge, hirte, name, fride; OHG. habēn, *to have*, scōnī, *beauty*, salbōn, *to anoint*, zungūn, *tongues* = MHG. haben, schœne, salben, zungen. The e in this position was pronounced like the ·e in NHG. zunge, name, friede, &c.

Phonetic Survey of the MHG. Vowel-system.

§ 4. Palatal { Short ä, ë, e, i, ö, ü.
              Long æ, ē, ī, œ, iu (= ü).

Guttural { Short a, o, u.
           Long ā, ō, ū.

The OHG. Equivalents of the MHG. Vowels.

§ 5. The following are the OHG. equivalents of the MHG. short vowels, long vowels and diphthongs of accented syllables:—

1. The short vowels a, ë, e, i, o, u = the corresponding OHG. short vowels, as tac, *day*, gast, *guest*, bant, *he bound*, gap, *he gave* = OHG. tag, gast, bant, gab.

wëc, *way*, nëmen, *to take*, zëhen, *ten* = OHG. wëg, nëman, zëhan.

geste, *guests*, lember, *lambs*, vert, *he goes* = OHG. gesti, lembir, ferit.

wizzen, *to know*, hilfe, *I help*, visch, *fish* = OHG. wizzan, hilfu, fisk.

got, *God*, wol, *well*, geholfen, *helped* = OHG. got, wola, giholfan.

sun, *son*, wurm, *worm*, gebunden, *bound* = OHG. sunu, wurm, gibuntan.

ä is the umlaut of a before certain consonant combinations which prevented umlaut from taking place in OHG., as mähte, *powers*, hältet, *he holds*, wärmen, *to warm* = OHG. mahti, haltit, warmen from *warmjan (§ 10). It also occurs in derivatives ending in -līch and -līn, as mänlich, *manly*, tägelīch, *daily*, väterlīn, dim. of vater, *father*; and in words which originally had an i in the third syllable, the vowel of the second syllable having become i by assimilation, as mägede, *maids*, zäher(e), *tears* = OHG. magadi, zahari.

ö is the umlaut of OHG. o, as löcher, *holes*, möhte, *I might* = OHG. lohhir, mohti; götinne, *goddess*, beside got, *God*.

ü is the umlaut of OHG. u, as dünne, *thin*, süne, *sons*, züge, *I might draw* = OHG. dunni, suni, zugi.

2. The long vowels ā, ē, ī, ō, ū = the corresponding OHG. long vowels, as sāt, *seed*, slāfen, *to sleep*, nāmen, *we took*, dāhte, *he thought* = OHG. sāt, slāfan, nāmum, dāhta.

sēle, *soul*, mēre, *more*, lēren, *to teach* = OHG. sēla, mēro, lēren.

wīp, *wife*, sīn, *his*, bīȝen, *to bite* = OHG. wīb, sīn, bīȝan.

ōre, *ear*, tōt, *death*, kōs, *I chose* = OHG. ōra, tōd, kōs.

hūs, *house*, tūsent, *thousand*, dūhte, *it seemed* = OHG. hūs, dūsunt, dūhta.

æ is the umlaut of OHG. ā, as lære, *empty*, næme, *thou tookest* = OHG. lāri, nāmi.

œ is the umlaut of OHG. ō, as schœne, *beautiful*, hœher, *higher*, hœren, *to hear* = OHG. scōni, hōhiro, hōren from *hōrjan older *hausjan.

iu = (1) OHG. iu (diphthong), as liute, *people*, kiuset, *he chooses* = OHG. liuti, kiusit.

= (2) the umlaut of OHG. ū, as hiuser, *houses*, briute, *brides* = OHG. hūsir, brūti.

3. The diphthongs ei, ou, uo = the corresponding OHG. diphthongs, as bein, *bone*, leiten, *to lead*, schreip, *I wrote* = OHG. bein, leiten, screib.

ouge, *eye*, houbet, *head*, bouc, *I bent* = OHG. ouga, houbit, boug.

bruoder, *brother*, stuont, *I stood*, vuor, *I went* = OHG. bruoder, stuont, fuor.

ie = (1) OHG. ie (diphthong) older ia, ea, ē (Germanic ē), as hier, *here*, miete, *pay, reward*, gienc, *I went* = OHG. hier, mieta, gieng.

= (2) OHG. io (Germanic eu), as bieten, *to offer*, liep, *dear* = OHG. biotan, liob.

= (3) the OHG. io which occurs in the preterite of the old reduplicated verbs whose presents have ou, ō, uo (§ 87), as inf. loufen, *to run*, stōzen, *to push*, ruofen, *to call*, preterite lief, stiez, rief = OHG. liof, stioz, riof.

= (4) Upper German iu (OHG. io) before labials and gutturals, as liup, *dear*, tiuf, *deep*, siuch, *sick*, liugen, *to tell a lie* = liep, tief, siech, liegen.

öu (eu) is the umlaut of OHG. ou, as löuber, *leaves*, löufel, *runner* = OHG. loubir, loufil.

üe is the umlaut of OHG. uo, as grüene, *green*, güete, *goodness*, vüere, *thou didst go* = OHG. gruoni, guotī, fuori.

Unaccented Vowels and Umlaut.

§ 6. The two most characteristic differences between OHG. and MHG. are : (1) the spread of umlaut (§ 10); (2) the weakening and partial loss of vowels in unaccented syllables.

1. The Weakening of Unaccented Vowels.

§ 7. The short vowels a, i, o, u, and the long vowels ē, ī, ō, ū were weakened to e. This e was pronounced like the final -e in NHG. leute, see § 3. Examples are :—

gëba, *gift*, hërza, *heart*, zunga, *tongue*, taga, *days* = MHG. gëbe, hërze, zunge, tage; heilag, *holy*, neut. blindaz, *blind*, nëman, *to take* = MHG. heilec, blindez, nëmen.

kunni, *race, generation*, gesti, *guests* = MHG. künne, geste ; kuning, *king*, bezzisto, *best*, dat. pl. gestim, *to guests*, gen. pl. lembiro, *of lambs*, nimit, *he takes* = MHG. künec, bezzest (beste), gesten, lember(e), nimet.

haso, *hare*, nom. acc. pl. fem. blinto, *blind*, gen. pl. tago, *of days* = MHG. hase, blinde, tage; acc. sing. hason, *hare* = MHG. hasen.

fridu, *peace*, dat. sing. gëbu, *to a gift*, nimu, *I take* = MHG. fride, gëbe, nime; dat. pl. tagum, *to days*, nāmum, *we took* = MHG. tagen, nāmen.

Nom. sing. masc. blintēr, *blind*, unsēr, *our*, habēn, *to have*, nëmēm, *we may take* = MHG. blinder, unser, haben, nëmen.

scōnī, *beauty* = MHG. schœne; sālīg, *blessed*, nāmīm, *we might take* = MHG. sælec, næmen.

salbōn, *to anoint*, suohtōs(t), *thou soughtest*, dat. pl. gëbōm, hërzōm = MHG. salben, suohtes(t), gëben, hërzen.

Gen. dat. acc. sing., nom. acc. pl. zungūn = MHG. zungen.

§ 8. The vowel in suffixal and derivative syllables was generally weakened to e just as in the inflexional syllables, but in some suffixal and derivative syllables which had a secondary accent the vowel was not weakened to e. This was especially the case with derivatives in -ære (denoting nomina agentis), -inne, -inc (-ing), linc (-ling), diminutives in -īn and -līn, abstract nouns in -nisse (-nusse, -nüsse), -unge. In others the vowel fluctuated between the full vowel and e, as in -isch beside -esch; -ic (=OHG. -ag, and -ĭg) beside -ec; superlative of adjectives -ist (= OHG. -ist) beside -est (= OHG. -ōst); -sal beside -sel. Beside the full forms -līch, -rīch occurred the shortened forms -lich, -rich.

The OHG. endings of the present participle -anti, -enti, -ōnti, ēnti regularly became -ende, but -ant occurs in a few old participles which had become nouns, as heilant, *Saviour*, wīgant, *warrior*, vīant beside vīent (vīnt), *fiend*, *enemy.* Examples are : **gartenære,** *gardener,* **schepfære,** *creator,* **schrībære,** *scribe.*

küneginne, *queen,* **vriundinne,** *female friend,* **wirtinne,** *mistress.*

edelinc, *son of a nobleman,* **hendelinc,** *glove,* **vingerlinc,** *ring;* **müedinc,** *unhappy man.*

magedīn, *little girl,* **vingerīn,** *ring;* **kindelīn,** *little child,* **vogelīn,** *little bird.*

hindernisse, *hindrance,* **verdërbnisse,** *destruction,* **vinsternisse,** *darkness,* **vancnüsse,** *captivity.*

beʒʒerunge, *improvement,* **handelunge,** *action,* **mëldunge,** *announcement.*

himelisch, *heavenly,* **irdisch,** *earthly,* **kindisch,** *childish,* beside **-esch.**

heilic (OHG. **heilag**), *holy,* **honic** (OHG. **honag, honig**), *honey,* **künic** (OHG. **cuning, cunig**), *king,* **manic** (OHG. **manag**), *many a,* **sælic** (OHG. **sālīg**), *blessed,* beside **-ec.**

oberist beside **oberest,** *highest.*

kumbersal, *distress,* **trüebsal,** *gloom,* **wëhsal** beside **wëhsel,** *change.*

bitterlīch, *bitterly,* **sicherlīch,** *surely,* **wīslīch,** *wisely,* beside **-lich.**

Dietrīch, Heinrīch, beside **-rich.**

The OHG. pronominal ending of the nom. sing. fem. and the nom. acc. pl. neuter remained unweakened, as OHG. **blintiu** = MHG. **blindiu** (§ 55).

2. THE LOSS OF UNACCENTED VOWELS.

§ 9. The weakened e regularly disappeared :—

1. After l and r in dissyllables with short stems, as **ar,** older **are** (OHG. **aro**), *eagle,* acc. gen. dat. **arn,** beside **name,** *name,* **namen; wol,** older **wole** (OHG. **wola**), *well;* **gar** (OHG. **garo**) *ready,* **milch** (OHG. **milih**), *milk,* **zal** (OHG. **zala**), *number;* **kil,** *quill,* gen. **kil(e)s,** dat. **kil,**

§ 9]   *The Vowels*   9

pl. nom. acc. **kil,** dat. **kil(e)n,** beside **tac,** *day,* gen. **tages,** dat. **tage,** pl. nom. acc. **tage,** dat. **tagen; bërn,** *to bear,* **stëln,** *to steal,* **nern,** *to rescue,* pres. sing. **stil, stils(t), stilt; ner, ners(t), nert,** beside **hœren,** *to hear,* pres. sing. **hœre, hœres(t), hœret.**

2. After liquids and nasals in trisyllabic and polysyllabic forms with long stems, as **sælde** (OHG. sālida), *blessedness,* **hērsen, hërsen** (OHG. hērisōn), *to rule,* **zierde** (OHG. ziarida), *adornment,* **wandelte** (OHG. wantalōta), *I wandered,* **zwīfeln** (OHG. zwīfalōn), *to doubt,* **wundern** (OHG. wuntarōn), *to wonder,* **schœnste** (OHG. scōnisto), *most beautiful,* **diente, diende** (OHG. dionōta), *I served;* **dienest,** *service,* gen. **dienstes; engel,** *angel,* gen. **engel(e)s,** dat. **engel(e),** pl. nom. acc. gen. **engel(e),** dat. **engel(e)n,** and similarly with words like **acker,** *acre,* **lūter,** *clear,* **buosem,** *bosom,* **heiden,** *heathen;* **grœzer** (OHG. grōziro), *greater,* fem. dat. sing. **grœzer** (OHG. grōziru); dat. sing. **blindem(e),** *blind,* **guotem(e),** *good* = OHG. **blintemu, guotemu;** gen. pl. **blinder(e)** = OHG. **blintero.** After the analogy of forms with long stems it was also dropped in forms with short stems, as pl. **nagel,** *nails,* **vogel,** *birds,* beside **nagele, vogele;** **wider** beside **widere** (OHG. widaro), **wether,** dat. sing. **disem(e),** *this,* **vadem(e),** *thread,* gen. **vadem(e)s.**

There was however a strong tendency in MHG. for the medial vowel to disappear in trisyllabic forms with long stems irrespectively as to whether they contained a liquid or a nasal, as **market,** *market,* gen. **marktes; rīchsen** (OHG. rīchisōn), *to rule,* **ahte** (OHG. ahtōta), *he observed,* **wartte, warte** (OHG. wartēta), *he waited,* **vrāgte** beside **vrāgete** (OHG. frāgēta), *he asked,* **dancte** beside **dankete** (OHG. dankōta), *he thanked.* See § 92.

3. In the medial syllable of trisyllabic forms with long stems having liquids or nasals in successive syllables, as **dīme** beside **dīneme** (OHG. dīnemu), dat. of **dīn,** *thy;*

eime beside ein(e)me (OHG. einemu), dat. of ein, *one*; hērre, hërre (OHG. hēriro), *master*; minre beside minner(e) (OHG. minniro), *less*; tiurre (OHG. tiuriro), *dearer*.

4. Finally after a nasal, and medially after a nasal before a following **t**, in forms with short stems, as han(e), *cock*, nam(e), *name*, sun (OHG. sun, sunu), *son*, won(e), *I dwell*; man(e)t, *he admonishes*, won(e)t, *he dwells*, scham(e)t, *he shames*, nim(e)t, *he takes*, nëm(e)t, *ye take*; pret. won(e)te, scham(e)te. In these and similar forms the e was often restored through the influence of forms which regularly preserved the e.

NOTE.—The e, when not preceded by a nasal, was sometimes dropped in verbal forms ending in t. This was especially the case in **wirst, wirt** older **wirdes(t), wirdet ; siht,** *he sees,* **sëht,** *ye see,* older **sihet, sëhet ;** and often in forms like **gilt, vint, spricht, sticht** beside **giltet, vindet, sprichet, stichet.**

5. The superlative of adjectives often has double forms, the one with the loss of the medial e, and the other with the loss of the final e, as beste, *best*, ērste, *first*, grœste, *greatest*, leste, *last*, min(ne)ste, *least*, wir(se)ste, *worst*, beside beʒʒest(e), ērest(e), grœʒest(e), leʒʒest(e), minnest(e), wirsest(e), OHG. beʒʒisto, ēristo, grōʒisto, leʒʒisto, minnisto, wirsisto.

6. In the unstressed forms of dissyllables, as adv. ane, abe, mite, obe beside the prepositions an, *on*, ab, *of*, mit, *with*, ob, *over*; dat. sing. dëme, wëme, ime, beside dëm, wëm, im ; unde, *and*, wande, *for, because*, beside und (unt)₁ wan(d) ; hërre, vrouwe, beside hër, vrou before proper names and titles.

7. The e in the unaccented verbal prefixes be-, ge- often disappeared before l, n, r, as blīben, *to remain*, glīch, *like*, glit, *member*, glouben, *to believe*, gnāde, *favour*, gnanne, *namesake*, gnuoge, *many*, grade, *quick*, grëch, *straight*,

beside belīben, gelīch, gelit, gelouben, genāde, genanne, genuoge, gerade, gerëch; it disappeared before vowels during the OHG. period, as bange, *anxious*: ange, *anxiously*, gëʒʒan p.p. of ëʒʒan, *to eat*, gunnan, MHG. gunnen, günnen, *to grant*.

3. UMLAUT.

§ 10. By umlaut is meant the modification (palatalization) of an accented vowel through the influence of an ĭ or j which originally stood in the following syllable. The only vowel which underwent this change in OHG. was a, which became close e (§ 2, note).

The change is first met with in OHG. monuments about the middle of the eighth century. In the ninth century the process was practically complete except when the a was followed by certain consonant combinations which prevented umlaut from taking place. These consonant combinations were :—

1. ht, hs, or consonant+w, as maht, *power*, pl. mahti; wahsit, *he grows*, inf. wahsan; bi-scatwen from *-scatwjan, *to shade*.

2. In Upper German before l+consonant, before hh, ch (= Germanic k), and often before r+consonant, and before h (= Germanic h), as Upper German haltit beside Upper Franconian heltit, *he holds*, inf. haltan ; UG. altiro beside UF. eltiro, *older*; UG. sachit beside UF. sehhit, *he quarrels*, inf. sachan, Goth. sakan; UG. warmen beside wermen, Goth. warmjan, *to warm*; UG. slahit beside slehit, *he strikes*, inf. OHG. slahan, Goth. slahan.

3. In words ending in -nissi, -nissa, or -lĭh, as firstantnissi, *understanding*; infancnissa, *assumption*; kraftlĭh, *strong*; tagalĭh, *daily*.

Umlaut must have taken place earlier in the spoken language than it is expressed in late OHG. and early

MHG. manuscripts, because the ĭ which caused the umlaut was weakened to e in MHG. (§ 7) and j had disappeared except between vowels. The vowels and diphthongs which underwent umlaut in MHG. are a, o, u, ā, ō, ū, ou, uo. The umlaut of all these sounds was completed by about the year 1200.

a > e: gast, *guest*, pl. geste (OHG. gesti); lamp, *lamb*, pl. lember (OHG. lembir); inf. graben, *to dig*, pres. second and third pers. sing. grebes(t), grebet (OHG. grebis, grebit); lanc, *long*, beside lenge (OHG. lengī), *length*; brennen, Goth. brannjan, *to burn*; bette (OHG. betti), *bed*.

a > ä: From the twelfth century onwards the umlaut of a also occurs—often beside forms without umlaut—in words containing the consonant combinations which prevented umlaut from taking place in OHG., as pl. mähte (OHG. mahti), *powers*; geslähte (OHG. gislahti), *race, generation*; wähset (OHG. wahsit), *he grows*; wärmen (OHG. warmen, older *warmjan), *to warm*; Upper German älter (OHG. altiro), *older*; kälte (OHG. kaltī), *coldness*; hältet (OHG. haltit), *he holds*; äher (OHG. ahir), *ear of corn*; slähet (OHG. slahit), *he strikes*. It also occurs in derivatives ending in -līch, -līn, as mänlīch, *manly*, schämelīch, *shameful*, tägelīch, *daily*, väterlīch, *fatherly*, väterlīn, dim. of vater, *father*. It is likewise met with in MHG. words which originally had an i in the third syllable, the vowel of the second syllable having become i by assimilation, as frävele (OHG. frafali), *bold*, pl. mägede (OHG. magadi), *maids*, pl. zäher(e) (OHG. zahari), *tears*. See § 2, Note.

o > ö: Although ö, the umlaut of o, is common in MHG. and still commoner in NHG., yet all words containing this umlaut are really new formations due to levelling or analogy, because primitive Germanic u (§ 15) did not become o in OHG. when followed by an ĭ or j in the next syllable. Examples are: **boc**, *he-goat*, beside dim. **böcklīn** (OHG. pochilī); **dorf**, *village*, beside pl. **dörfer**; **got**, *God*, beside **götinne**, *goddess*; **hof**, *court*, beside **hövesch**, *courtly*; **loch** (OHG. loh), *hole*, beside pl. **löcher** (OHG. lohhir); **tohter**, *daughter*, beside dim. **töhterlīn**; pret. subj. **möhte** (OHG. mohti), *I might*; **törste** (OHG. torsti), *I might dare*.

u > ü: **dünne** (OHG. dunni), *thin*; **künne** (OHG. kunni), *race, generation*; pl. **süne** (OHG. suni), *sons*; **tür** (OHG. turi), *door*; pret. subj. **züge** (OHG. zugi), inf. **ziehen**, *to draw*.

NOTE.—In Upper German certain consonant combinations often prevented umlaut from taking place where it might be expected. Of these the principal are:—

1. Before a liquid + consonant, as **hulde** (OHG. huldī), *favour*; **schuldec** (OHG. sculdīg), *guilty*; **gedultec** (OHG. gidultīg), *indulgent*; **burge** (OHG. burgi), dat. of **burc**, *city*; **sturbe** (OHG. sturbi), pret. subj. of **stërben**, *to die*; **wurfe** (OHG. wurfi), pret. subj. of **wërfen**, *to throw*, cp. 2 above.

2. u fluctuates with ü when followed by a nasal + consonant, as **dunken**, *to seem*, **umbe**, *about*, **wunne**, *joy*, beside **dünken**, **ümbe** (OHG. umbi), **wünne**. This fluctuation is especially common in the pret. subjunctive, as **bunde**, **sunge**, beside **bünde**, **sünge**, inf. **binden**, *to bind*, **singen**, *to sing*.

3. u fluctuates with ü when followed by gg, ck, pf, tz, ʒʒ, st, ch, and g, as **brugge**, **brügge**, **brucke**, **brücke**, *bridge*; **mugge**, **mügge**, **mucke**, **mücke**, *midge*; **drucken**, **drücken**, *to press*; **hupfen**, **hüpfen**, *to hop*; **schupfen**, **schüpfen**, *to push*: **nutzen**, **nützen**, *to use*; pret. subj. **fluʒʒe**, **flüʒʒe**; **schuʒʒe**, **schüʒʒe**, inf. **flieʒen**, *to flow*, **schieʒen**, *to shoot*; pl. **bruste**, **brüste**, *breasts*; **kuchen**, **küchen**, *kitchen*; pret. subj. **fluge**, **flüge**, inf. **fliegen**, *to fly*.

ā > æ: **lære** (OHG. lāri), *empty*; **mære** (OHG. māri), *renowned*; **sæjen** (OHG. sājan), *to sow*; pret. subj. **næme** (OHG. nāmi), pl. **næmen** (OHG. nāmīm), inf. **nëmen**, *to take*.

ō > œ : hœher (OHG. hōhiro), *higher*; hœhest (OHG. hōhisto), *highest*; hœren (OHG. hōren, from older *hōrjan), *to hear*; schœne (OHG. scōni), *beautiful*.

ū > iu : pl. briute (OHG. brūti), *brides*; hiuser (OHG. hūsir), *houses*. Traces of the umlaut of ū, written iu (= ü), occur in late OHG. monuments of the tenth century. It is common in the writings of Notker († 1022), as hiute older hūti, *skins*; chriuter older chrūtir, *herbs*. In other writings of the tenth to the twelfth century the umlaut of ū is seldom found. Umlaut did not take place in Upper German before a following m, as rūmen from *rūmjan, *to make room*; sūmen from *sūmjan, *to tarry*.

ou > öu, often written eu, rarely oi, öi : löufel (OHG. loufil), *runner*; löuber (OHG. loubir), *leaves*. Umlaut of ou did not take place in the combination ouw = OHG. ouw, auw, West Germanic aww, primitive Germanic awj, as frouwe (OHG. frouwa, prim. Germanic *frawjō-), *woman*; ouwe (OHG. ouwa, auwia, prim. Germanic *a(ʒ)wjō-), *meadow*; frouwen (OHG. frouwen, prim. Germanic *frawjan), *to rejoice*, and similarly douwen, *to digest*, drouwen, *to threaten*, strouwen, *to strew*. Forms like fröuwen, döuwen, dröuwen, ströuwen were analogical formations due to the influence of the pres. second and third pers. singular and the preterite which regularly had umlaut; see the Author's Historical German Grammar, § 232.

Umlaut of ou did not take place in Upper German before labials and g, as erlouben, *to allow*, gelouben, *to believe*, houbet, *head*, koufen, *to buy*, troumen, *to dream*, toufen, *to baptize*, bougen, *to bend*, ougen, *to show*, beside Middle German erlöuben, gelöuben, höubet, köufen, tröumen, töufen, böugen, öugen.

uo > üe : grüene (OHG. gruoni), *green*; güete (OHG. guotī), *goodness*; vüeʒe (OHG. fuoʒi), *feet*; pret. pl. subj.

§ 11] *The Vowels* 15

vüeren (OHG. fuorīm), *we might go*, inf. varn, *to fare,
go*; buoch, *book*, dim. büechlīn; muoter, *mother*, dim.
müeterlīn.

THE MHG. EQUIVALENTS OF THE OHG. VOWELS.

§ 11. OHG. had the following short vowels, long vowels,
and diphthongs:—

Short Vowels	a, e, ë,	i,	o, u.
Long "	ā, ē,	ī,	ō, ū.
Diphthongs	ei,	ie (ia, ea), io (eo), iu.	ou (au), uo.

The following are the MHG. equivalents of the above
simple vowels and diphthongs in accented syllables :—

1. The short vowels: Apart from the changes caused by
umlaut, viz. a to ä, o to ö, u to ü (§ 10), and of ë to e
before certain consonants, the OHG. short vowels remained
in MHG., as

a = (1) MHG. a, as OHG. fater, *father*, tag, *day*, faran,
to go = MHG. vater, tac, varn.

= (2) MHG. ä, in words containing the consonant
combinations which prevented umlaut from
taking place in OHG., as OHG. mahti,
powers, kaltī, *coldness*, ahir, *ear of corn*,
warmen, *to warm* = MHG. mähte, kälte,
äher, wärmen, see § 10.

e = MHG. e, as OHG. gesti, *guests*, lembir, *lambs*,
brennen, *to burn* = MHG. geste, lember,
brennen.

ë = (1) MHG. ë, as OHG. wëg, *way*, hëlfan, *to help*,
stëlan, *to steal* = MHG. wëc, hëlfen, stëln.

= (2) MHG. e, before st, sch, and palatal g, as OHG.
nëst, *nest*, swëster, *sister* = MHG. nest,

swester; and similarly, **gestern**, *yesterday*, **deste**, *all the more*, **weste**, *I knew*, **dreschen**, *to thrash*, **leschen**, *to go out*, **degen**, *warrior*; and also in a few words before a following l, as **helm**, *helmet*, **vels**, *rock*, **welch**, *which*, &c.

i = MHG. i, as OHG. **fisk**, *fish*, **nimu**, *I take*, **wiʒʒan**, *to know* = MHG. **visch**, **nime**, **wiʒʒen**.

o = (1) MHG. o, as OHG. **got**, *God*, p.p. **giholfan**, *helped*, **tohter**, *daughter* = MHG. **got**, **geholfen**, **tohter**.

= (2) MHG. ö, as OHG. **lohhir**, *holes*, **mohti**, *I might* = MHG. **löcher**, **möhte**.

u = (1) MHG. u, as OHG. **sunu**, **sun**, *son*, **butum**, *we offered*, **buntum**, *we bound* = MHG. **sun**, **buten**, **bunden**.

= (2) MHG. ü, as OHG. **dunni**, *thin*, **suni**, *sons* = MHG. **dünne**, **süne**.

2. The long vowels: Apart from the changes caused by umlaut, viz. ā to æ, ō to œ, and ū to iu (§ 10), the OHG. long vowels remained in MHG., as

ā = (1) MHG. ā, as OHG. **sāt**, *seed*, **slāfan**, *to sleep*, **dāhta**, *I thought* = MHG. **sāt**, **slāfen**, **dāhte**.

= (2) MHG. æ, as OHG. **lāri**, *empty*, **nāmi**, *I might take* = MHG. **lære**, **næme**.

ē = MHG. ē, as OHG. **ēra**, *honour*, **lēren**, *to teach*, **sēla**, *soul* = MHG. **ēre**, **lēren**, **sēle**.

ī = MHG. ī, as OHG. **sīn**, *his*, **wīb**, *woman*, **snīdan**, *to cut* = MHG. **sīn**, **wīp**, **snīden**.

ō = (1) MHG. ō, as OHG. **ōra**, *ear*, **tōd**, *death*, **kōs**, *I chose* = MHG. **ōre**, **tōt**, **kōs**.

= (2) MHG. œ, as OHG. **hōhiro**, *higher*, **hōren**, *to hear*, **scōni**, *beautiful* = MHG. **hœher**, **hœren**, **schœne**.

ū = (1) MHG. ū, as OHG. **hūs**, *house*, **rūm**, *room*, **dūhta**, *it seemed* = MHG. **hūs**, **rūm**, **dūhte**.

The Vowels

= (2) MHG. iu, as OHG. hūsir, *houses,* brūti, *brides*
    = MHG. hiuser, briute.
3. The diphthongs :
ei = MHG. ei, as OHG. bein, *bone,* leiten, *to lead,*
    sneid, *I cut* = MHG. bein, leiten, sneit.
ie (older ia, ea = Germanic ē) = MHG. ie, as OHG.
    hier, *here,* mieta, *reward,* hielt, *I held,* hiez,
    I called, slief, *I slept* = MHG. hier, miete,
    hielt, hiez, slief.
io (eo) = Germanic eu (§ 16), and the io (eo) in the pre-
    terites of the old reduplicated verbs whose
    presents have ou, ō, uo (§ 87).
    = MHG. ie, as OHG. liob, *dear,* biotan, *to offer*
    = MHG. liep, bieten ; OHG. liof, *I ran,*
    stioz, *I pushed,* riof, *I called* = MHG. lief,
    stiez, rief.
iu = MHG. ü written iu, as OHG. liuti, *people,* kiusit,
    he chooses = MHG. liute, kiuset.
ou (older au) = (1) MHG. ou, as OHG. ouga, *eye,* boug,
    I bent, loufan, *to run* = MHG.
    ouge, bouc, loufen.
    = (2) MHG. öu (eu), as OHG. loubir,
    leaves, loufil, *runner* = MHG. löu-
    ber, löufel.
uo = (1) MHG. uo, as OHG. bruoder, *brother,* muoter,
    mother, stuont, *I stood* = MHG. bruoder,
    muoter, stuont.
    = (2) MHG. üe, as OHG. gruoni, *green,* fuozi, *feet,*
    = MHG. grüene, vüeze.

ABLAUT (VOWEL GRADATION).

§ 12. By ablaut is meant the gradation of vowels both in stem and suffix, which was chiefly caused by the primitive Indo-Germanic system of accentuation. See the Author's Historical German Grammar, § 23.

The vowels vary within certain series of related vowels, called ablaut-series. In MHG. there are six such series, which appear most clearly in the stem-forms of strong verbs. Four stem-forms are to be distinguished in a MHG. strong verb which has vowel gradation as the characteristic mark of its different stems :—(1) the present stem, to which belong all the forms of the present, (2) the stem of the first or third person of the preterite singular, (3) the stem of the preterite plural, to which belong the second person of the preterite singular and the whole of the preterite subjunctive, (4) the stem of the past participle.

By arranging the vowels according to these four stems we arrive at the following system:—

	i.	ii.	iii.	iv.
I.	ī	ei, ē	i	i
II.	ie	ou, ō	u	o
III.	i, ë	a	u	u, o
IV.	ë	a	ā	o
V.	ë	a	ā	ë
VI.	a	uo	uo	a

NOTE.—1. On the difference between ei and ē, see § 17; ou and ō, § 18; and in Series III i and ë, § 14; u and o, § 15.

2. Strong verbs belonging to Series II have iu in the indicative pres. singular; and strong verbs belonging to Series III-V with ë in the infinitive have i in the indicative pres. singular (§§ 14, 16).

EXAMPLES.

I.	snīden, *to cut*	snīde	sneit	sniten	gesniten;
	līhen, *to lend*	līhe	lēch	lihen	gelihen.
II.	biegen, *to bend*	biuge	bouc	bugen	gebogen;
	sieden, *to seethe*	siude	sōt	suten	gesoten.
III.	binden, *to bind*	binde	bant	bunden	gebunden;
	hëlfen, *to help*	hilfe	half	hulfen	geholfen.

IV.	nëmen, *to take*	nime	nam	nāmen	genomen.
V.	gëben, *to give*	gibe	gap	gāben	gegëben.
VI.	graben, *to dig*	grabe	gruop	gruoben	gegraben.

For further examples see the various classes of strong verbs §§ 76–86. Class VII of strong verbs embracing the old reduplicated verbs (§ 87) has been omitted from the ablaut-series, because the exact relation in which the vowel of the present stands to that of the preterite has not yet been satisfactorily explained.

OTHER VOWEL CHANGES.

§ 13. Most of the following vowel changes took place in prehistoric times; but as they play an important part in the verbs and word-formation, &c., we shall give them here.

§ 14. ë (= Indo-Germanic e) became i in the prehistoric period of all the Germanic languages:—

1. Before a nasal+consonant, as OE. wind, OHG. MHG. wint, Lat. ventus, *wind*; OHG. fimf, finf, Gr. πέντε, *five*. This explains why verbs like MHG. binden, *to bind*, rinnen, *to run*, singen, *to sing*, belong to the same ablaut-series as hëlfen, *to help*, wërden, *to become*.

2. Before other consonants when followed by an ĭ or j in the next syllable, and further in OHG. when followed by an u in the next syllable, as OHG. MHG. ist, Gr. ἐστί, *is*; OHG. fihu, Lat. pecu, *cattle*; ërde (OHG. ërda), *earth*, but irdīn, *earthen*; ligen (OHG. liggen from *ligjan), *to lie down*, sitzen (OHG. sitzen from *sitjan), *to sit*, but p.p. gelëgen (OHG. gilëgan), gesëʒʒen (OHG. gisëʒʒan). This explains why strong verbs belonging to the fourth (§§ 12, 82) and fifth (§§ 12, 83) ablaut-series have i throughout the present singular, and similarly in verbs belonging to the third (§§ 12, 81) series with ë in the infinitive, as

OHG. nëman, *to take,* three persons sing. nimu, nimis(t), nimit.
MHG. nëmen, ,,   ,,   ,,   ,,   nime, nimes(t), nimet.
OHG. gëban, *to give,*   ,,   ,,   ,,   gibu, gibis(t), gibit.
MHG. gëben, ,,   ,,   ,,   ,,   gibe, gibes(t), gibet.
OHG. hëlfan, *to help,*   ,,   ,,   ,,   hilfu, hilfis(t), hilfit.
MHG. hëlfen, ,,   ,,   ,,   ,,   hilfe, hilfes(t), hilfet.

§ 15. u, followed originally by an ă, ŏ, or ē in the next syllable, became o when not protected by a nasal + consonant or an intervening ĭ or j; hence the interchange between u and o in the preterite plural and past participle of verbs belonging to the second ablaut-series (§§ 12, 78), as bugen (OHG. bugum), *we bent,* p.p. gebogen (OHG. gibogan); in the p.p. of verbs belonging to the third ablaut-series (§§ 12, 81), as gebunden (OHG. gibuntan), but geholfen (OHG. giholfan); in weak verbs as fürhten (OHG. furhten from *furhtjan), *to fear,* beside pret. vorhte (OHG. forhta); hügen (OHG. huggen from *hugjan) beside hogen (OHG. hogēn), *to think;* in preterite presents like durfen (OHG. durfum), *we dare,* beside pret. dorfte (OHG. dorfta); in many nouns and adjectives, as wolle (OHG. wolla), *wool,* beside wüllīn, wullīn, *woollen;* wolf (stem *wulfo-), *wolf,* beside wülpinne, *she-wolf;* vol, *full,* beside vülle (OHG. fullī), *fulness;* golt, *gold,* beside guldīn, *golden.*

§ 16. From primitive Germanic eu were developed two different diphthongs in OHG., viz. eu became eo (cp. § 15), later io, when originally followed by an ă, ŏ, or ē in the next syllable, and this io was regularly developed to ie in MHG.; whereas eu became iu in OHG. when originally followed by an ĭ, j or u in the next syllable, and this iu became ü (written iu) in MHG., even after the ĭ, j or u had been weakened to e. This law explains the difference between the diphthong ie in the infinitive and the simple vowel iu (= ü) in the three persons singular of the present indicative of verbs belonging to the second ablaut-series (§§ 12, 78), as

OHG. biogan, *to bend*, pres. sing. biugu, biugis(t), biugit;
MHG. biegen,   „   „   „   biuge, biuges(t), biuget.

Cp. further tief (OHG. tiof), *deep*, beside OHG. tiufī, *depth*; lieht (OHG. lioht), *a light*, beside liuhten (OHG. liuhten from *liuhtjan), *to light*.

NOTE.—The iu in the above and similar examples must not be confounded with the iu in the OHG. and MHG. combination iuw which arose from prim. Germanic eww (= euw), and ewj, as triuwe (OHG. triuwi, Goth. triggws), *true*; triuwen, trūwen, *to trust*, pret. triuete, triute, trūte; riuwe (OHG. riuwa), *regret*, bliuwen (OHG. bliuwan, Goth. bliggwan), *to strike*, and similarly, briuwen, *to brew*, kiuwen, *to chew*, riuwen, *to regret*; niuwe (OHG. niuwi, Goth. niujis, prim. Germanic stem-form *newja-), *new*. This iu before w never interchanged with MHG. ie from prim. Germanic eu, and explains why the strong verbs bliuwen, &c. have iu in all forms of the present.

§ 17. Accented primitive Germanic ai (= Goth. ái) became ē in OHG. before r, w, Germanic h (cp. § 23, 1), and finally; in MHG. it appears also as ē before the same consonants and finally, as mēre, mēr (OHG. mēro, Goth. máiza), *more*, lēren (OHG. lēren, Goth. láisjan), *to teach*; sēle (OHG. sēla, older sēula, Goth. sáiwala), *soul*; snē (OHG. snēo, Goth. snáiws), *snow*, gen. OHG. and MHG. snēwes; spīwen, *to spit*, pret. spē (OHG. spēo, Goth. spáiw); dīhen, *to thrive*, pret. dēch (OHG. dēh, Goth. dáih); wē (OHG. wē, Goth. wái), *woe!*; in all other cases ai became ei in both OHG. and MHG., as stein

(Goth. stáins), *stone,* heizen (OHG. heizan, Goth. háitan), *to call;* snīden, *to cut,* pret. sneit (OHG. sneid, Goth. snáiþ). This accounts for the difference between the ei and ē in the preterite singular of strong verbs belonging to the first ablaut-series (§§ 12, 76).

§ 18. Primitive Germanic au became ō in OHG. before the consonants d, t, z, s, n, r, l, and Germanic h (cp. 23, 1). Before other consonants and finally au became ou in the ninth century. Hence the difference between ō and ou in the preterite singular of strong verbs belonging to the second ablaut-series (§§ 12, 78), as:—

Infinitive	bieten, *to offer,*	pret. sing.	bōt
,,	sieden, *to seethe,*	,,	,,	sōt
,,	kiesen, *to choose,*	,,	,,	kōs
,,	diezen, *to roar,*	,,	,,	dōz
,,	vliehen, *to flee,*	,,	,,	vlōch (OHG. flōh);
but ,,	biegen, *to bend,*	,,	,,	bouc
,,	klieben, *to cleave*	,,	,,	kloup.

CHAPTER II

THE CONSONANTS

1. Pronunciation of the Consonants.

§ 19. The MHG. consonant-system was represented by the following letters: b, c, ch, d, f, g, h, j, k, l, m, n, p, q, r, s, sch, t, v, w, (x), z, z.

The letters k, l, m, n, p, t, w, (x) had nearly the same sound-values as in English. The remaining letters require special attention.

When the pronunciation of consonants merely differs in the intensity or force with which they are produced, they are called fortes or lenes according as they are produced with more or less intensity or force. In MHG. the consonants **b, d, g** were not voiced explosives like English b, d, g, but were voiceless lenes, and only differed from the fortes **p, t, k** in being produced with less intensity or force, see § 33. A similar difference in pronunciation existed between antevocalic and intervocalic **v, s** and final **f, s**, see § 33.

c and **k** represented the same sound. The latter was generally used at the beginning, and the former at the end of a syllable, as **kunst**, *art*; **trinken**, *to drink*, **senken**, *to sink* (trans.), pret. **tranc, sancte**.

ch had the same sound as in NHG. **nacht, noch**, as **sprëchen**, *to speak*, pret. **sprach**; **hōch**, *high*.

f had a twofold pronunciation in the oldest HG. It was a labiodental when it arose from Germanic **f** (cp. OHG. **fater**, English **father**), and bilabial when it arose from Germanic **p** (cp. inf. OHG. **slāfan**, English **sleep**), but during the OHG. period the bilabial **f** became labiodental. The two kinds of **f** did not however completely fall together in pronunciation. **f** = Germanic **f** became a lenis initially before and medially between vowels, and was often written **v** in the former and generally **v** in the latter position, but remained a fortis—written **f**—when final. In MHG. it was also often written **f** initially before **l, r, u**, as **fliehen**, *to flee*, **fride**, *peace*, **fünf**, *five*, beside **vliehen, vride, vünf**. On the other hand **f** = Germanic **p** (§ 22, 1), which only occurred medially and finally, was a fortis and was always written **f (ff)**, as **slāfen**, *to sleep*, pret. **slief**; **tief**, *deep*, **schif** (gen. **schiffes**), *ship*, **offen**, *open*. The two **f** sounds thus fell together when final, but the distinction between the two sounds was still preserved in MHG. in the intervocalic position, as **hof**, *court*, **schif**, *ship*, but gen. **hoves, schiffes**.

h before and after consonants was pronounced like **ch**, as **fuhs,** *fox,* **naht,** *night,* **bevëlhen,** *to confide.* In other cases it had the same sound as the **h** in English **hat**.

j had nearly the same sound as the **y** in English **yet**, as **jār,** *year,* **junc,** *young;* **blüejen,** *to blossom.*

q occurred only in combination with **u** as in English, as **quëc,** *quick, alive,* **quëden,** *to say.*

r was a trilled sound in all positions like Scotch **r,** as **rōt,** *red,* **hart,** *hard,* **bërn,** *to bear,* **vater,** *father.*

s was a lenis medially between vowels and probably also initially before vowels, but a fortis in other positions, as **sun,** *son,* **wësen,** *to be,* pret. **was, bresten,** *to burst.* It may be pronounced like the **s** in English **sit**.

sch was like the **sh** in English **ship,** as **schif,** *ship,* **geschëhen,** *to happen,* **visch,** *fish.*

v was a voiceless lenis, and may be pronounced like the **v** in NHG. **voll**. See **f**.

w was pronounced like the **w** in English **wet**, as **wīn,** *wine,* **bliuwen,** *to strike.*

z and **ʒ** were not distinguished in MHG. manuscripts, both being written **z**. Both **z** and **ʒ** (but **ʒʒ** medially between vowels when the first vowel was short) arose from Germanic **t** (see § 23). **z** had the sound-value of **ts** (= NHG. **z**): (*a*) always initially, as **zīt,** *time;* (*b*) medially and finally after consonants (**l, m, n, r**), as **holz** (gen. **holzes**), *wood,* **hërze,** *heart,* **smërze,** *pain,* **ganz,** *whole;* (*c*) finally after vowels (= Germanic **tt**) in those words which change final **z** to **tz** when it becomes medial, as **schaz** (gen. **schatzes**), OE. **sceatt,** *money, treasure.* MHG. intervocalic **tz** always arose from older **tt,** as **setzen** = OE. **settan,** *to set.* **ʒ** was a kind of lisped **s** and only occurred medially between and finally after vowels, as **bīʒen,** *to bite,* **ëʒʒen,** *to eat,* **haʒ,** *hatred.* It should be noted that good MHG. poets never rhymed pairs of words like **was,** *was,* and **waʒ,** *what;* **missen,** *to miss,* and **wiʒʒen,** *to know.*

ph and **pf** represent the same sound, viz. the **pf** in NHG. **pfund**, *pound*.

§ 20. MHG. has the following double consonants medially between vowels: **bb, gg; pp, tt, ck; ff, ss, ʒʒ; mm, nn; ll, rr**. They were always pronounced long as in Italian and Swedish, as bit-ter, *bitter*, ëʒ-ʒen, *to eat*, küs-sen, *to kiss*, müg-ge, *midge*, rin-nen, *to run*. In NHG. double consonants are never long, they merely indicate that the preceding vowel is short.

§ 21. Phonetic Survey of the MHG. Consonants.

		LABIAL.	DENTAL.	GUTTURAL.
Voiceless explosives	fortis	p, pp	t, tt	k, ck
	lenis	b, bb	d	g, gg
Spirants	fortis	f, ff	s, ss, sch, ʒ, ʒʒ	h (ch)
	lenis	v	s	
Nasals		m, mm	n, nn	n (= ŋ)
Liquids			l, ll; r, rr	
Semi-vowels		w, j (palatal)		

To the above must be added the aspirate **h** and the affricatae (i.e. an explosive + a homorganic spirant) **z** (i.e. **ts**) and **pf (ph)**.

2. CONSONANT CHANGES.

§ 22. The most characteristic difference between High German and the other West Germanic languages is the shifting which the consonants p, t, k, þ; pp, tt, kk, þþ; b (ƀ), d, g (ʒ); bb, dd, gg underwent partly in the pre-historic and partly in the historic period of Old High German. In the following treatment of what is generally called the High German sound-shifting only such points are considered as are of importance for the purposes of this book. See Old High German Primer, §§ 82-6.

§ 23. The voiceless explosives **p, t, k** underwent a twofold treatment according to their position in the word: (1) Medially or finally after vowels; (2) Initially, medially and finally after consonants (**l, m, n, r**), and when doubled.

NOTE.—**p, t, k** remained unshifted in the combinations **sp, st, sk** as also **t** in the combinations **tr, ht, ft**.

1. Single **p, t, k** were shifted to the voiceless double spirants **ff, ȝȝ, hh** (also written **ch**) = MHG. **ff (f), ȝȝ (ȝ), ch**.

p > ff. OE. open, OHG. offan, MHG. offen, *open*; OE. slæ̅pan, OHG. slāffan, MHG. slāfen, *to sleep*; OE. ūp, OHG. MHG. ūf, *up*.

t > ȝȝ. OE. etan, OHG. ëȝȝan, MHG. ëȝȝen, *to eat*; OE. hātan, OHG. heiȝȝan, MHG. heiȝen, *to call*; OE. hwæt, OHG. hwaȝ, MHG. waȝ, *what*. In a few cases the **ȝ, ȝȝ** became **s** in MHG. before **t** or **st**, as pret. saste from saȝte : setzen, *to set*; beste, *best*, leste, *last* = OHG. beȝȝisto, leȝȝisto.

k > hh. OE. ic, OHG. ih, MHG. ich, *I*; OE. sprecan (specan), OHG. sprëhhan, MHG. sprëchen, *to speak*; OE. tācen, OHG. zeihhan, MHG. zeichen, *token*. This **ch** must not be confused with the MHG. **h, ch** which corresponded to Indo-Germanic **k** (= Germanic **h**), as ziehen, *to draw, lead*, pret. zōch, cp. Lat. dūcō, *I lead*, see § 34.

The double consonants were simplified in OHG. and MHG. according to § 32.

2. **p, t** initially, medially and finally after consonants (**l, m, n, r**), and when doubled, were shifted to the affricatae **pf** (also written **ph**), **tz** (generally written **zz** and **z**) = MHG. **pf (ph), tz (z)**.

p > pf. OE. pund, OHG. MHG. pfunt, *pound*; OE. gelimpan, OHG. gilimpfan, MHG. gelimpfen, *to be meet*;

OE. scieppan, OHG. skepfen, MHG. schepfen, *to create*.
The pf became f after l and r already in OHG., as hëlfan,
MHG. hëlfen, OE. helpan, *to help*; wërfan, MHG.
wërfen, OE. weorpan, *to throw*.

t > z. OE. tunge, OHG. zunga, MHG. zunge, *tongue*;
OE. heorte, OHG. hërza, MHG. hërze, *heart*; OE.
sealt, OHG. MHG. salz, *salt*; OE. sittan, OHG. sizzen,
sitzen, MHG. sitzen, *to sit*; OE. sceatt, OHG. scaz
(gen. scazzes, scatzes), MHG. schaz (gen. schatzes),
money, treasure.

k, kk (written ck) remained unshifted (except in High
Alemanic), as OE. corn, OHG. MHG. korn, *corn*; OE.
cnēo, OHG. kneo, MHG. knie, *knee*; OE. sincan, OHG.
sinkan, MHG. sinken, *to sink*, pret. sanc; OE. þeccan,
OHG. MHG. decken, *to cover*.

§ 24. þ became d, and þþ became tt, as OE. þorn, OHG.
MHG. dorn, *thorn*; OE. brōþor, OHG. MHG. bruoder,
brother. OE. smiþþe, OHG. smitta, MHG. smitte,
smithy; OE. moþþe, late MHG. motte, *moth*.

§ 25. The voiced explosives b, d, g, and the voiced
spirants ƀ, ʒ did not undergo the same universal shifting
as the voiceless explosives. ƀ, ʒ became b, g. b, g remained, and d became t, as OE. brōþor, OHG. MHG.
bruoder, *brother*; OE. bēodan, OHG. biotan, MHG.
bieten, *to offer*; Goth. giban (= giƀan), OHG. gëban,
MHG. gëben, *to give*. OE. dohtor, OHG. MHG. tohter,
daughter; OE. bēodan, OHG. biotan, MHG. bieten, *to
offer*; OE. dēad, OHG. MHG. tōt, *dead*. OE. gōd,
OHG. MHG. guot, *good*; OE. flēogan, OHG. fliogan,
MHG. fliegen, *to fly*.

§ 26. The double consonants bb, dd, gg = OHG.
pp (bb), tt, cc (gg), and MHG. pp (bb), tt, ck (gg), as OE.
sibb, OHG. sippa (sibba), MHG. sippe (sibbe), *relationship*; OE. cribb, OHG. krippa (kribba), MHG. krippe
(kribbe), *crib*. OE. biddan, OHG. bitten, MHG. bitten,

later biten, *to request*; OE. þridda, OHG. dritto, MHG. dritte, later drite, *third*. OE. brycg, OHG. brucca (brugga), MHG. brücke (brügge), *bridge*. The fluctuation in the writing of pp and bb, ck and gg is merely orthographical, and does not represent a difference in pronunciation. Both pairs were used to express the lenes medially between vowels. For other examples see § 31.

§ 27. The summary of the consonantal changes in §§ 23-6 may be expressed as follows:—

WEST GERMANIC.   MHG.

p; t; k; þ   = ff(f), pf; ʒʒ (ʒ), z; ch; d.
pp; tt; kk; þþ =   pf;   tz (z); ck; tt.
b(ƀ); d; g(ʒ)   = b;   t;   g.
bb; dd; gg   = pp (bb); tt;   ck (gg).

§ 28. The following sound-changes took place in primitive Germanic:—Every labial+t became ft; every guttural+t became ht; every dental+t became ss, which was simplified to s after long vowels. This explains the frequent interchange in MHG. between pf, b and f; between k, g and h; and between ʒʒ, ʒ and ss, s in forms which are etymologically related.

pf, b—f. schepfen, *to create* : geschaft, *creature*; gëben, *to give*: gift, gift; wëben, *to weave*: English weft.

k, g—h. würken, *to work*: pret. worhte; denken, *to think*: pret. dähte; mugen (mügen), *to be able*: pret. mohte; bringen, *to bring*: pret. brähte.

ʒʒ, ʒ—ss, s. gieʒen, *to pour*: güsse, *inundation*; wiʒʒen, *to know*: pret. wisse (wiste): wīs, *wise*; muoʒ, *must*: pret. muose (muoste); ëʒʒen, *to eat*: ās, *carrion*. Preterites like wiste, muoste were formed after the analogy of preterites like worhte, dähte, where the t was regular.

§ 29. The guttural nasal ŋ (written n) only occurred in

the combinations nk (nc) and ng. It disappeared before h (= prim. Germanic χ) in primitive Germanic with lengthening of a preceding short vowel, as vāhen from prim. Germanic *faŋχanan, *to seize, catch*, beside p.p. gevangen; and similarly hāhen, *to hang*, p.p. gehangen; pret. brāhte, dāhte, dūhte, beside bringen, *to bring*, denken, *to think*, dunken, *to seem*.

The guttural nasal disappeared in an unstressed syllable when preceded by an n in a stressed syllable in the course of the OHG. and MHG. period, as OHG. honag, MHG. honec, beside OHG. honang, *honey*; OHG. kunig, MHG. künec, beside OHG. kuning, *king*; OHG. pfennig, MHG. pfennic, beside OHG. pfenning, MHG. pfenninc, penny. And similarly with dental n, as senede beside senende, *longing, yearning*.

§ 30. Strong verbs, which have a medial v (f), d, h, s in the present, have respectively b, t, g (ng), r in the second person sing. pret. indicative, the preterite plural indicative, the pret. subjunctive and the past participle. This interchange of consonants is called Verner's Law, see OHG. Primer, §§ 72, 87:—

	INF.	PRET. PL.	P.P.
v (f)—b.	heven, *to raise*	huoben	gehaben.
d—t.	mīden, *to avoid*	miten	gemiten.
	snīden, *to cut*	sniten	gesniten.
h—g.	dīhen, *to thrive*	digen	gedigen.
	ziehen, *to draw*	zugen	gezogen.
	slahen, *to strike*	sluogen	geslagen.
h—ng (§ 29).	hāhen, *to hang*	hiengen	gehangen.
	vāhen, *to catch*	viengen	gevangen.
s—r.	rīsen, *to fall*	rirn	gerirn.
	kiesen, *to choose*	kurn	gekorn.

This law has, however, many exceptions in MHG. owing to levelling having taken place with the infinitive, present indicative and preterite singular, as **risen, gerisen** beside **rirn, gerirn.**

The same interchange of consonants exists between strong verbs and their corresponding causative weak verbs, as **līden,** *to go*: **leiten,** *to lead*; **hāhen,** *to hang*: **hengen,** *to hang* (trans.); **ge·nësen,** *to be saved*: **nern,** *to save*; and in nouns, &c., as **hof** (gen. **hoves**), *court*: **hübesch,** *courtly*; **tōt** (gen. **tōdes**), *death*: **tōt** (gen. **tōtes**), *dead*; **swëher,** *father-in-law*: **swiger,** *mother-in-law*; **hase**: English **hare.**

§ 31. The doubling of consonants took place under certain well-defined rules partly in prim. Germanic and partly in prim. West Germanic, see the Author's Hist. Germ. Grammar, §§ 202, 213–14. Examples of words which had double consonants in prim. Germanic are: **kopf,** head; **napf** (OE. **hnæp,** gen. **hnæppes**), *basin*; **boc** (OE. **bucca**), *buck,* gen. **bockes**; **rinnen,** *to run*; **swimmen,** *to swim*; **vol** (gen. **volles**), *full*; **vërre,** *far*; **gewisser,** *certain.*

The chief cases in which double consonants arose in prim. West Germanic were:—

1. The assimilation of **ƀn, ʒn, pn** to **bb, gg, pp** = MHG. **pp, ck (gg), pf,** as **knappe**: **knabe,** *boy*; **rappe**: **rabe,** *raven*; **rocke, rogge,** *rye*; **tropfe,** *drop*: **triefen,** *to drip.*

2. **p, t, k** were doubled before a following **r** or **l.** The doubling regularly took place in the inflected forms, and was then extended to the uninflected forms by levelling, as **apfel** (OE. **æppel**), *apple*; **kupfer** (Lat. **cuprum**), *copper*; **bitter** (Goth. **báitrs**), *bitter,* see § 23 note; **lützel** (OS. **luttil**), *little*; **acker** (Goth. **akrs**), *field*; **wacker** (OE. **wæccer**), *watchful.* See § 23, 2.

3. All single consonants, except **r,** were doubled after a short vowel when there was originally a **j** in the next syllable. The **bb, dd, gg; pp, tt, kk,** which thus arose, became **pp (bb), tt, ck (gg); pf, tz, ck** in MHG. (§§ 23, 2,

26), as sippe (sibbe), Goth. sibja, *relationship*; bitten, later biten, Goth. bidjan, *to request*; tretten (*wv.*): trëten (*sv.*), *to tread*; brücke (brügge), *bridge*; ecke (egge), *edge*; mücke (mügge), *midge*; rücke (rügge), *ridge, back*. schepfen, Goth. skapjan, *to create*; hitze, *heat*: heiʒ, *hot*; netzen, *to wet*: naʒ, *wet*; setzen, Goth. satjan, *to set*; sitzen, *to sit*: pret. saʒ, p.p. gesëʒʒen; decken, *to cover*: dach, *cover*; lücke, *gap*: loch, *hole*. zellen, later zeln, *to count*: zal, *number*. vremmen, later vremen (OE. fremman), *to perform*. henne, *hen*: hane, *cock*.

In MHG. the double consonants in verbs were often simplified through the levelling out of forms which regularly had a single consonant, e. g. regular forms were: vremmen, *to perform*, sing. vremme, vremes(t), vremet, pl. vremmen, vremmet, vremment, pret. vremete, p.p. gevremet, then the stem-form with single m was levelled out into all the forms, and similarly with many other verbs, as denen, *to stretch*; seln, *to hand over*; weln, *to choose*; wenen, *to accustom*; legen beside lecken (leggen), *to lay*; and the strong verbs biten, *to beg*; ligen beside licken (liggen), *to lie down*.

§ 32. Double consonants were simplified:—

1. When they became final, as boc, *buck*, kus, *kiss*, man, *man*, schif, *ship*, stum, *dumb*, vël, *hide*, beside gen. bockes, kusses, mannes, schiffes, stummes, vëlles; pret. maʒ, ran, traf, beside mëʒʒen, *to measure*, rinnen, *to run*, trëffen, *to hit*.

2. Before other consonants, as pret. dacte (dahte), nante (nande), kuste, beside decken, *to cover*, nennen, *to name*, küssen, *to kiss*.

3. After consonants, as pret. sante (sande) from *santte, wante (wande) from *wantte, beside senden, *to send*, wenden, *to turn*.

4. After long vowels and diphthongs, as pret. sing. leite from *leitte, pret. pl. māʒen, trāfen, vielen, beside leiten,

to lead, mëʒʒen, *to measure,* trëffen, *to hit,* vallen, *to fall.* This simplification of double consonants took place during the OHG. period, as slāfan, *to sleep,* heiʒan, *to call,* loufan, *to run,* zeichan, *token,* beside older OHG. slāffan, heiʒʒan, louffan, zeihhan.

§ 33. In MHG. the lenes b, d, g became the fortes p, t, c (k) when they ended a syllable, that is when they came to stand finally, or medially before a voiceless consonant. Traces of this law existed already in OHG. The interchange between the lenes and fortes includes two independent processes, viz. the change of the medial lenes b, d, g to the final fortes p, t, k, and the change of the final f, s to the medial intervocalic lenes v and to what is written s (cp. also NHG. lesen, las). It must be noted that in MHG. the interchanging pairs of consonants were all voiceless and that the difference merely consisted in the intensity or force with which the sounds were produced. This is quite different from NHG. where the interchange is between voiced and voiceless sounds except in the case of f which is voiceless in all positions in native words. Examples are: gëben, *to give,* gelouben, *to believe,* wërben, *to turn,* beside pret. gap, geloupte, warp; gen. lībes, lambes, beside nom. līp, *life,* lamp, *lamb.* binden, *to bind,* wërden, *to become,* beside pret. bant, wart; gen. kindes, tōdes, beside nom. kint, *child,* tōt, *death.* biegen, *to bend,* singen, *to sing,* zeigen, *to show,* beside pret. bouc, sanc, zeicte; gen. tages, bërges, beside nom. tac, *day,* bërc, *mountain.* nëve, *nephew,* beside niftel, *niece*; gen. hoves, brieves, beside nom. hof, *court,* brief, *letter.* kiesen, *to choose,* lësen, *to gather,* lœsen, *to loose,* beside pret. kōs, las, lōste; pl. hiuser, beside sing. hūs, *house.*

§ 34. Final ch after vowels interchanged with medial h, as schuoch, *shoe,* gen. schuohes; hōch, *high,* gen. hōhes; nāch, *near,* adv. nāhe; pret. geschach, sach, beside geschëhen, *to happen,* sëhen, *to see.*

§§ 35-36]   *The Consonants*   33

The medial combinations lh, rh were written lch, rch when they came to stand finally, as bevëlhen, *to confide,* pret. bevalch; gen. schëlhes, twërhes, beside nom. schëlch, twërch, *askew,* see § 19. h (= ch) and ch often disappeared in unstressed syllables and particles, as ĕt, *only,* hīnte, hīnt, *to-night,* niet, *not,* dur, *through,* beside ëht, hīnaht, niht, nieht, durch.

§ 35. Initial j became or was written g before a following i, as gihet, *he assures,* beside inf. jëhen, pret. jach, and similarly jësen, *to ferment,* jëten, *to weed.* In the verba pura forms with and without the intervocalic glide j existed side by side in OHG. and MHG., as blüejen (OHG. bluojen) beside blüen (OHG. bluoen), *to bloom*; and similarly dræjen, *to twist,* müejen, *to trouble,* sæjen, *to sow,* beside dræn, müen, sæn. In a few words forms with and without intervocalic j (g) existed side by side, as gen. blīges beside nom. blī, *lead*; eijer, eiger beside eier, *eggs*; frījen, frīgen beside frīen, *to free*; meige, meie, *May*; nerigen, nerjen beside nern, *to save, rescue*; swerigen, swerjen beside swern, *to swear*; gen. zwīges, zwīes, nom. zwī, *twig*; gen. zweiger, zweier, *of two.*

§ 36. In OHG. w became vocalized to o when it came to stand at the end of a word or syllable, and then generally disappeared after long vowels, but the medial w regularly remained in OHG. and MHG. when it was at the beginning of a syllable, as blā (OHG. blāo, blā), *blue,* gen. blāwes; snē (OHG. snēo, snē), *snow,* gen. snēwes; strō (OHG. strao, strō by contraction), *straw,* gen. strōwes; knie (OHG. kneo), *knee,* gen. kniewes, OHG. knëwes; schate (OHG. scato), *shadow,* gen. schat(e)wes; pret. blou, hiu, kou, beside bliuwen, *to strike,* houwen, *to hew,* kiuwen, *to chew*; fal (OHG. falo), *fallow,* gen. falwes; gar (OHG. garo), *ready,* gen. garwes; mël (OHG. mëlo), *meal,* gen. mëlwes; smër (OHG. smëro), *fat*; pret. **smirte, ströute,** beside **smirwen,** *to smear,* **ströuwen,** *to strew.* See § 9, 1.

The **w** element sometimes disappeared in the initial combinations **qua-, quā-, quë-, qui-, quī-** partly with and partly without influencing the quality of the following vowel, as pret. sing. **kam, kom** beside **quam,** *he came,* pret. pl. **kōmen, kāmen** beside **quāmen**; **kāle** beside **quāle,** *torture*; **këc** beside **quëc,** *alive*; **korder, körder** beside **quërder,** *bait*; **komen, kömen, kumen** beside **quëmen,** *to come*; pres. sing. **kume, küm(e)s(t), kum(e)s(t), küm(e)t, kum(e)t** = OHG. **quimu, quimis, quimit**; **kücken** beside **quicken,** *to enliven*; **kīt** beside **quīt** = **quidet,** *he says.*

§ 37. Medial **-ibe-, -ide-, -ige-** were sometimes contracted to **ī**; and medial **-age-, -ege-** to **ei,** as **gīst,** *thou givest,* **gīt,** *he gives,* beside **gibes(t), gibet**; **quīst,** *thou sayest,* **quīt,** *he says,* beside **quides(t), quidet**; **līst,** *thou liest down,* **līt,** *he lies down,* beside **liges(t), liget.** **meit** beside **maget,** *maid*; **seist,** *thou sayest,* **seit,** *he says,* beside **sages(t), saget**; **leist,** *thou layest,* **leit,** *he lays,* beside **leges(t), leget**; **eislīch** beside **egeslīch,** *terrible*; **gein** beside **gegen,** *against.*

§ 38. Intervocalic **h** often disappeared when the first vowel was long, and then the two vowels underwent contraction, as **hān,** *to hang,* **vān,** *to catch,* **vlēn,** *to implore,* **hō** (adv.), *high,* beside **hāhen, vāhen, vlēhen, hōhe.** Other contracted forms will be found in the Glossary.

§ 39. The final **r** disappeared after long vowels in monosyllables when the next word began with a consonant, but was often restored analogically, as **dā** (OHG. **dār**), *there*: **dārinne,** *therein*; **wā** (OHG. **wār**), *where*: **wārinne,** *wherein*; **hie** (OHG. **hiar**): **hierunder,** *hereunder*; adv. **mē** (OHG. **mēr**), *more*; **ē** (OHG. **ēr**), *formerly*; **sā** (OHG. **sār**), *at once.*

§ 40. Medial **t** (§ 25) became **d** after nasals in late OHG. and early MHG., as **senden**, *to send*, gen. **blindes** (nom. **blint**, *blind*), pret. **nande**, *he named*, **rūmde**, *he left*, beside early MHG. **senten, blintes, nante, rūmte.** It also occasionally became **d** after **l**, as **halden** beside **halten**, *to hold*, **solde** beside **solte**, pret. of **suln**, *shall*.

ACCIDENCE

CHAPTER III

DECLENSION OF NOUNS

§ 41. MHG. nouns have two numbers: singular and plural; three genders: masculine, feminine, and neuter, as in OHG. and NHG., from which the gender of nouns in MHG. does not materially differ; four cases: nominative, accusative, genitive, and dative. Traces of an old locative occur in what is called the uninflected dative singular of **hūs**, *house*, beside **hūse**, and in proper names like **Engellant** beside **Engellande**. The vocative is like the nominative.

In MHG., as in the older periods of the other Germanic languages, nouns are divided into two great classes, according as the stem originally ended in a vowel or a consonant, cp. the similar division of nouns in Latin and Greek. Nouns whose stems originally ended in a vowel belong to the vocalic or so-called strong declension. Those whose stems originally ended in -n belong to the so-called weak or n-declension. All other consonantal stems are generally put together under the general heading, 'Minor Declensions'. In OHG. nouns whose stems originally ended in a vowel are subdivided into the **a**-declension including pure **a**-stems, **ja**-stems, and **wa**-stems; the **ō**-declension including pure **ō**-stems, **jō**-stems, and **wō**-stems; the **ĭ**-declension, and the **u**-declension. All the nouns belonging to the u-declension went over into other

declensions in MHG. (cp. §§ 43, 44, 49). But as all final
vowels either disappeared (some of them already in OHG.)
or were weakened to e in MHG. (see §§ 7, 8), it is no
longer practicable to retain the OHG. subdivision fully
without entering into the oldest and in many cases into
the prehistoric period of the language, which would be
quite out of place in a MHG. grammar. The old ' Minor
Declensions' had begun to pass over into the vocalic,
especially into the i- and a-, declensions in the oldest
OHG. The remnants of the old inflexions preserved in
MHG. will be noted in the following paragraphs. The
neuter nouns whose stems originally ended in -os, -es
(cp. § 47) are in this Primer included in the strong
declension.

A. The Vocalic or Strong Declension.

1. Masculine Nouns.

§ 42. **First declension.**—To this declension belong all
masculine nouns which form their plural in -e only. It
includes: (a) the old masculine a-stems; (b) the old mascu-
line wa-stems which lost their final -w after long vowels
in OHG., as sē, *sea*, gen. sēwes, pl. sēwe, and similarly
bū, *dwelling*, rē (also neuter), *corpse*, snē, *snow*, see § 36;
and (c) the old masculine i-stems which could not have
umlaut in the plural (§ 44).

Sing.

Nom. Acc. tac, *day*	kil, *quill*	engel, *angel*
Gen. tages	kil(e)s	engel(e)s
Dat. tage	kil(e)	engel(e)

Plur.

Nom. Acc. Gen. tage	kil(e)	engel(e)
Dat. tagen	kil(e)n	engel(e)n

On the interchange between fortis and lenis, as in **tac**, *day*, **lop**, *praise*, **sant**, *sand*, **hof**, *court*, gen. **tages, lobes, sandes, hoves**, see § 33.

Like **tac** are also declined the old consonantal stems **vīent**, *enemy*, and **vriunt**, *friend*, but pl. **vriunde** beside the old plural **vriunt**.

Like **kil** are declined all monosyllabic masculine nouns having a short stem-vowel and ending in ·l or ·r (§ 9, 1).

Like **engel** are declined masculine polysyllabic nouns ending in ·el, ·em, ·en, ·er, when their stem-syllable is long, as **mantel**, *mantle*, **ātem**, *breath*, **morgen**, *morning*, **acker**, *field*. Those in ·em, ·en generally retain the e in the dative plural. Polysyllabic nouns with short stem-syllables fluctuate between the retention or loss of the e, as gen. sing. **vogeles** or **vogels**, dat. sing. and nom. acc. pl. **vogele** or **vogel**, and similarly **vadem**, *thread*, **rëgen**, *rain*, **sumer**, *summer*, see § 9, 2.

§ 43. **Second declension.**—To this declension belong all masculine nouns whose nom. and acc. singular end in ·e, which is the only difference between this and the first declension. It includes: (a) the old masculine ja-stems; (b) many old u-stems with short stem-syllable, as **fride** (OHG. fridu), *peace*, **site** (OHG. situ), *custom*, and similarly **huge**, *thought*, **mëte**, *mead*, **sige** beside **sic**, *victory*, **wite**, *wood* (see § 36); (c) the old short i-stem **wine**, *friend*; and (d) the old masculine wa-stem **schate** (gen. **schat(e)wes** beside **schates**), *shadow*.

	Sing.	Plur.
Nom. Acc.	**hirte**, *shepherd*	**hirte**
Gen.	**hirtes**	**hirte**
Dat.	**hirte**	**hirten**

§ 44. **Third declension.**—To this declension belong all masculine nouns which form their plural in ·e and with umlaut of the stem-vowel. It includes: (a) the old masculine i-stems; (b) the old masculine u-stem sun (OHG. sunu, sun), *son*; and (c) the two old consonant stems fuoʒ, *foot*, zant (gen. zandes), zan, *tooth*.

	Sing.		Plur.	
	MHG.	OHG.	MHG.	OHG.
Nom. Acc.	gast	gast, *guest*	geste	gesti
Gen.	gastes	gastes	geste	gesteo, ·io
Dat.	gaste	gaste	gesten	gestim

The singular of nouns of this declension was inflected like the a-stems (§ 42) already in OHG. And owing to the weakening of the case-endings of the plural in passing from OHG. to MHG. (§ 7), the only difference in the two declensions is the presence or absence of umlaut in the plural. The old masculine i-stems which could not have umlaut in the plural accordingly came to be inflected entirely like the old masculine a-stems, as schrit, *step*, snit, *cut*, biʒ, *bite*, pl. schrite, snite, biʒʒe. A further consequence of the singular being inflected alike in both declensions is that the old a-stems began to have umlaut in the plural after the analogy of the i-stems, as gedenke, *thoughts*, nägele, *nails*, wägene, *wagons*, beside gedanke, nagele, wagene.

Nouns ending in the fortis p, t, c, or f (= Germanic f) regularly change the fortis to lenis in the inflected forms, as korp, *basket*, walt, *wood*, slac, *blow*, brief, *letter*, gen. korbes, waldes, slages, brieves.

§ 45. The old consonant stems vater, *father*, bruoder, *brother*, often remain uninflected in the singular, as gen. vater, bruoder beside vaters, bruoders (cp. § 9, 2). In the plural they take umlaut, as veter, brüeder. The old consonant stem man, *man*, is either declined like tac (§ 42) or remains uninflected throughout, as

	SING.	PLUR.
Nom. Acc.	man	manne, man
Gen.	mannes, man	manne, man
Dat.	manne, man	mannen, man

The nom. plural **man**, now written **mann**, is still preserved in counting, as **hundert mann**, *a hundred men*.

2. Neuter Nouns.

§ 46. First Declension.—To this declension belong all neuter nouns which have their nominative case singular and plural alike. It includes three different types of nouns: (a) The old neuter **a**-stems like **wort**, *word*, **venster**, *window*. (b) The old neuter **ja**-stems like **künne**, *race, generation*, **bette**, *bed*, **netze**, *net*. The characteristic of this type of noun is that it has umlaut in all forms of the singular and plural when the stem-vowel is capable of it (cp. § 31, 3). And (c) the old neuter **wa**-stems (cp. § 36) like **knie**, *knee*, gen. **kniewes**.

	SING.			
Nom. Acc.	wort	venster	künne	knie
Gen.	wortes	vensters	künnes	kniewes (knies)
Dat.	worte	venster	künne	kniewe (knie)
	PLUR.			
Nom. Acc.	wort	venster	künne	knie
Gen.	worte	venster	künne	kniewe (knie)
Dat.	worten	venstern	künnen	kniewen (knien)

§ 47] Declension of Nouns 41

(a) On the interchange between the fortes **p, t, c** and the lenes **b, d, g**, as in **grap**, *grave*, **gëlt**, *money*, **dinc**, *thing*, gen. **grabes, gëldes, dinges**, see § 33.

Like **venster** are declined the neuter polysyllabic nouns ending in **-el, -em, -en, -er**, as **luoder**, *bait*, **wāfen, wāpen**, *weapon*; **schapel**, *garland*, **gadem**, *house*, **wëter**, *weather*. On the endings, see §§ 9, 42.

(b) Like **künne** is also declined the old neuter **u**-stem **vihe** (OHG. **fihu**), *cattle*.

(c) Like **knie** are declined **mël**, *meal*, **rē** (also masc.), *corpse*, **smër**, *fat*, **strō**, *straw*, **tou**, *dew*, **wē**, *woe*, gen. **mëlwes, rēwes, smërwes, strōwes, touwes, wēwes**, see § 36.

§ 47. **Second declension.**—To this declension belong all neuter nouns which form their plural in **-er** and by umlaut of the stem-vowel when it is capable of it. This class of nouns corresponds to the Latin neuters in **-us**, as **genus**, gen. **generis**, pl. **genera**. The **-er** (OHG. **-ir**) was originally a stem-forming suffix which came to be regarded as a plural ending. In the oldest period of the language only about half-a-dozen nouns belonged to this class, but during the MHG. period nearly twenty neuter **a**-stems passed into this declension, and in NHG. the number has increased to about a hundred.

	Sing.		Plur.	
	MHG.	OHG.	MHG.	OHG.
Nom. Acc.	lamp	lamb, *lamb*	lember	lembir
Gen.	lambes	lambes	lember	lembiro
Dat.	lambe	lambe	lembern	lembirum

On the loss of the **e** in the gen. and dat. plural, see § 9, 2.

Other examples are: **ei** (pl. **eiger, eijer, eier**, § 35).

egg, huon, *hen,* kalp, *calf,* rat, *wheel,* rint, *bullock,* tal, *dale.*

3. Feminine Nouns.

§ 48. First declension.—To this declension belong all feminine nouns having their nominative case singular and plural alike. It includes : (a) the old feminine ō-stems, as gëbe, *gift,* sēle, *soul,* zal, *number*; (b) the old feminine jō-stems, as küneginne, künegin, künegīn, *queen,* and similarly vriundinne, *friend,* gütinne, *goddess*; (c) the old feminine wō-stems with and without w, as brāwe, brā, *brow,* pl. brā beside weak pl. brāwen; diuwe, diu, *servant*; (d) the old feminine abstract nouns in -ī, as vinster (OHG. finstrī), *darkness,* schœne (OHG. scōnī), *beauty*; and (e) the old consonant stem, swester, swëster, *sister.*

SING.

Nom. Acc.	gëbe	zal	vinster
Gen.	gëbe	zal	vinster
Dat.	gëbe	zal	vinster

PLUR.

Nom. Acc.	gëbe	zal	vinster
Gen.	gëben	zaln	vinstern
Dat.	gëben	zaln	vinstern

On the endings in nouns declined like zal, *number,* dol, *pain,* wal, *choice,* nar, *food,* schar, *flock,* and vinster, see § 9, 1, 2.

The gen. plural had the ending of the weak declension already in the oldest period of the language. Through the nom. singular and the gen. and dat. plural having the same endings as the feminine weak declension (§ 53), ō-stems began in OHG. to be inflected after the analogy of the weak declension, especially in the plural. This process spread considerably in MHG. with concrete nouns, but not often with abstract nouns.

§ 49. Second declension.—To this declension belong all feminine nouns which form their plural in -e and have umlaut in the stem-vowel. It includes: (a) the old feminine i-stems; (b) the old u-stem **hant**, *hand*; and (c) several old consonantal stems, see below.

	Sing.		Plur.	
	MHG.	OHG.	MHG.	OHG.
Nom. Acc.	anst	anst, *favour*	enste	ensti
Gen.	enste *or* anst	ensti	enste	ensteo, -io
Dat.	enste *or* anst	ensti	ensten	enstim

In **jugent** (OHG. jugund, pl. jugundi), *youth*, gen. dat. **jugende** beside **jugent**, pl. **jugende**, the original -i being in the third syllable did not cause umlaut in the stem-syllable; and similarly **tugent**, *valour*.

hant, *hand*, originally belonged to the u-declension, which explains forms like gen. sing. and plural **hande** beside **hende**, dat. pl. **handen** beside **henden**. The old gen. plural has been preserved in NHG. **allerhand**, and the dat. plural in **abhanden, beihanden, vorhanden, zuhanden**.

Several old consonant stems went over partly or entirely into this declension, viz. **maget, meit** (§ 37), *maid*, pl. **mägede** or **meide**; **kuo**, *cow*, pl. **küeje** or **küewe** (OHG. kuoi), **sū**, *sow*, pl. **siuwe** (OHG. sūi); both these nouns generally remained uninflected in the gen. and dat. singular. **naht**, *night*, has gen. and dat. singular **naht** beside **nähte**; pl. nom. acc. gen. **naht** beside **nähte**, dat. **nahten** beside **nähten**, cp. also NHG. **weihnachten**, MHG. **zën wīhen nahten**. The MHG. adverbial gen. **nahts, dës nahtes** was formed after the analogy of dës **tages**. Like **naht** were also inflected **brust,** *breast,* and **burc,** *citadel.*

muoter, *mother,* and **tohter,** *daughter,* remain uninflected in the singular. In the plural they have umlaut: **müeter, töhter.**

B. The Weak Declension (N-Stems).

§ 50. The weak declension contains a large number of masculine and feminine nouns, but only four neuter nouns, viz. **hërze,** *heart,* **ōre,** *ear,* **ouge,** *eye,* and **wange,** *cheek*; these nouns, especially **hërze,** sometimes form their nom. acc. plural after the analogy of nouns like **künne** (§ 46). The original case endings of the weak declension had disappeared in the oldest period of the language except in the nom. singular (masc. ·o, fem. and neut. ·a), the gen. pl. (·ōno) and dat. pl. (·ōm). Owing to the weakening of the ·o, ·a to ·e in MHG. the nom. singular became alike in all genders. And similarly the endings ·ōno, ·ōm and the endings of the other oblique forms were all weakened to ·en in MHG. (§ 7), so that the element which originally formed part of the stem came to be regarded as a case ending.

On the loss of the final and medial e in nouns like **ar,** *eagle,* **bir** (fem.), *pear,* **gevangen(e),** *prisoner,* beside the inflected forms **arn, birn, gevangen** from *gevangen-en through the intermediate stage *gevangenn, see § 9, 1, 2.

§ 51.   1. Masculine Nouns.

Sing.

	MHG.	OHG.
Nom.	bote	boto, *messenger*
Acc.	boten	boton, ·un
Gen.	boten	boten, ·in
Dat.	boten	boten, ·in

Declension of Nouns

	PLUR.
Nom. Acc. boten	boton, ·un
Gen. boten	botōno
Dat. boten	botōm

§ 52. 2. Neuter Nouns.

SING.

	MHG.	OHG.
Nom. Acc.	hërze	hërza, *heart*
Gen.	hërzen	hërzen, ·in
Dat.	hërzen	hërzen, ·in

PLUR.

	MHG.	OHG.
Nom. Acc.	hërzen	hërzun, ·on
Gen.	hërzen	hërzōno
Dat.	hërzen	hërzōm

§ 53. 3. Feminine Nouns.

SING.

	MHG.	OHG.
Nom.	zunge	zunga, *tongue*
Acc.	zungen	zungūn
Gen.	zungen	zungūn
Dat.	zungen	zungūn

PLUR.

	MHG.	OHG.
Nom. Acc.	zungen	zungūn
Gen.	zungen	zungōno
Dat.	zungen	zungōm

C. DECLENSION OF PROPER NAMES.

§ 54. Names of persons ending in e in the nominative follow the weak declension. Masculine names of persons take ·es in the genitive, ·e in the dative, and ·en in the accusative after the analogy of the strong adjectives. The accusative ending ·en was sometimes extended to the dative, and the dative ending -e to the accusative. And sometimes both these cases were without endings. Names of countries ending in -lant often have no ending in the dative, as **Engellant** beside **Engellande**, see § 41. Feminine names of persons ending in a consonant take -e in the genitive, dative and accusative, but occasionally remain uninflected throughout.

MASCULINE.

Nom. **Sīfrit**	**Hagene**
Gen. **Sīfrides**	**Hagenen**
Dat. Acc. **Sīfrit, Sīfride(n)**	**Hagenen**

FEMININE.

Nom. **Kriemhilt**	**Uote**
Gen. Dat. Acc. **Kriemhilde, Kriemhilt**	**Uoten**

CHAPTER IV

ADJECTIVES

A. THE DECLENSION OF ADJECTIVES.

1. The Strong Declension.

§ 55. The MHG. adjectives are declined as strong or weak. They have three genders, and the same cases as nouns. The endings of the strong declension are partly nominal and partly pronominal. The nominal endings are: the accusative feminine singular, as **blinde** like **gëbe** (§ 48); and the genitive singular masculine and neuter, as **blindes** like **tages, wortes** (§§ 43, 46). All the other endings are pronominal. The so-called uninflected form of adjectives in the nom. singular masculine and feminine

§ 55]   *Adjectives*   47

and the nom. acc. neuter is a remnant of the time when adjectives and nouns were declined alike, see the Author's Hist. Germ. Grammar, §§ 399-400. The strong declension includes three different types of adjectives, all of which are declined alike: (a) The old a-stems, as blint, infl. form blinter, *blind*; bar, *bare*, guot, *good*, heilec, *holy*, hol, *hollow*, michel, *great*, vinster, *dark*, and similarly with a very large number of adjectives, including the past participles of strong and weak verbs. (b) The old ja-stems, as lære (OHG. lāri), infl. lærer, *empty*; dünne, *thin*, enge, *narrow*, grüene, *green*, niuwe, *new*, reine, *pure*, schœne, *beautiful*, senfte, *soft*, wilde, *wild*, and many others, including the present participles of strong and weak verbs. The ja-stems only differ from the a-stems in having -e in the uninflected form and umlaut in the stem-syllable when it is capable of it. (c) The old wa-stems, as blā (OHG. blāo, blā), infl. form blāwer, *blue*; gar (OHG. garo), infl. form garwer (see §§ 9, 1, 36), *ready*; grā, *grey*, val, *fallow*, gël, *yellow*, kal, *bald*, &c., all of which have w in the inflected forms.

The adjectival i- and u-stems had come to be declined like the ja-stems in the prehistoric period of the language, but a few remnants of such adjectives have survived in MHG. in forms without the final -e beside those with it, as bereit, bereite, *ready*, dic, dicke, *thick*, gāch, gæhe, *quick*, grīs, grīse, *old, grey*, hēr, hēre, *high, noble*, rasch, resche, *quick*, rīch, rīche, *noble*, swār, swære, *heavy*, was, wasse, *sharp*.

SING.

	Masc.	*Neut.*	*Fem.*
Nom.	blinder, *blind*	blindez	blindiu
Acc.	blinden	blindez	blinde
Gen.	blindes	blindes	blinder(e)
Dat.	blindem(e)	blindem(e)	blinder(e)

Accidence [§ 55

PLUR.

Nom. blinde	blindiu	blinde
Acc. blinde	blindiu	blinde
Gen. blinder(e)	blinder(e)	blinder(e)
Dat. blinden	blinden	blinden

On the loss of the -e in blindem(e), blinder(e), see § 9, 2. Umlaut caused by the -iu occurs in the nom. sing. feminine and nom. acc. pl. neuter of **al**, *all*, and **ander**, *other, second*, as **älliu, ändriu**. This rarely happens in other words.

SING.

	Masc.	*Neut.*	*Fem.*
Nom.	micheler, *great*	michel(e)z	micheliu
Acc.	michel(e)n	michel(e)z	michel(e)
Gen.	michel(e)s	michel(e)s	michelre, micheler
Dat.	michelme, michel(e)m	michelme, michel(e)m	michelre, micheler

PLUR.

Nom.	michel(e)	micheliu	michel(e)
Acc.	michel(e)	micheliu	michel(e)
Gen.	michelre, micheler	michelre, micheler	michelre, micheler
Dat.	michel(e)n	michel(e)n	michel(e)n

Like **michel** are inflected monosyllabic adjectives ending in -l, -r with a short stem-vowel, and polysyllabic adjectives ending in -el, -en, -er, as **bar**, *bare*, **hol**, *hollow*; **zwīvel**, *doubtful*, **eigen**, *own*, **tougen**, *secret*, **ander**, *other, second*, **bitter**, *bitter*, **vinster**, *dark*; **ëben**, *even*, **übel**, *evil, bad*, &c. See § 9, 1, 2.

2. The Weak Declension.

§ 56. The weak declension of adjectives agrees exactly with that of the nouns.

SING.

	Masc.	Neut.	Fem.
Nom.	blinde, *blind*	blinde	blinde
Acc.	blinden	blinde	blinden
Gen.	blinden	blinden	blinden
Dat.	blinden	blinden	blinden

Plural **blinden** for all cases and genders.

B. THE COMPARISON OF ADJECTIVES.

§ 57. The comparative was formed by means of the suffix ·er(e) = OHG. ·iro, ·ōro, and the superlative by means of the suffix ·est(e) = OHG. ·isto, ·ōsto. On the loss of the medial or final e in such forms as **tiurre,** *dearer,* **tiurste;** **minner, minre,** *less,* **minnest, min(ne)ste,** see § 9, 3. Most monosyllables have umlaut in the comparative and superlative either exclusively or have mutated beside unmutated forms. The cause of these double forms is in a great measure due to the two OHG. double suffixes: comp. ·iro, ·ōro and superl. ·isto, ·ōsto having fallen together in ·er(e) and ·est(e) in MHG., as **elter,** *older,* **ermer,** *poorer,* **jünger,** *younger,* **grœzer,** *greater,* **hœher,** *higher,* beside **alter, armer, junger, grōzer, hōher;** superl. **eltest, ermest, jüngest, grœzest, hœhest,** beside **altest, armest, jungest, grōzest, hōhest.** Adjectives which have umlaut in the positive regularly preserve it in the comparative and superlative.

The comparative is declined weak, but the superlative is declined strong and weak.

§ 58. The following adjectives form their comparative and superlative from a different root than the positive :—

guot, *good,*   beʒʒer, beʒʒest, beste (§ 23).
übel, *bad,*   wirser, wirsest, wir(se)ste.
lützel, *little,*   minner, minre (§ 9, 3), minnest, min-(ne)ste.
michel, *great,* mērer, mēr(r)e, meiste.

§ 59. The following adjectives are defective :—
ērer, ērre, ërre, *former,* ērest, ērste, *first.*
hinder, *hinder,* hinderste, *hindmost.*
ober, *upper,* oberste, *uppermost.*
   leʒʒeste, leste (§ 23), *last.*
vorder, *former,* vorderste, *foremost.*

C. Formation of Adverbs from Adjectives.

§ 60. 1. By adding -e (= OHG. -o) to the adjective when this does not already end in -e, as ëben, *even,* hōch, *high,* lanc, *long*: adv. ëbene, hōhe, lange; edele (OHG. edili), *noble,* übel (OHG. ubil), *evil*: adv. edele (OHG. edilo), übele (OHG. ubilo).

2. Dissyllabic adjectives ending in -e and containing a mutated stem-vowel change it to the corresponding unmutated vowel, when used as adverbs, as schœne (OHG. scōni), *beautiful,* herte, *hard,* senfte, *soft,* süeʒe, *sweet,* swære, *heavy*: adv. schōne, harte, sanfte, suoʒe, swāre.

3. By adding -līche or -līchen to the adjective, as ganz, *whole,* vlīʒec, *diligent*: adv. ganzlīche(n), vlīʒeclīche(n).

4. The comparative and superlative degrees of adverbs are the same as the corresponding uninflected forms of the adjectives without umlaut :—

Adjective lanc, *long*   lenger   lengest.
Adverb   lange   langer   langest
         (OHG. langōr) (OHG. langōst).

§§ 61–62]   *Adjectives*   51

§ 61. The following are irregular:—

wol, *well*   baẓ, *better*   best(e), *best*.
              wirs, *worse*   wirsest, wirste, *worst*.
              min, minner, minre, *less*   minnest, minste, *least*.
              mē, mēr, mēre, *more*   meist, meiste, *most*.
              ē, *formerly*   ēr(e)st, ērste, *first*.

§ 62.   D. NUMERALS.

CARDINAL.   ORDINAL.

cin, ·er, ·eẓ, ·iu, *one*   ērste
zwei, *two*   ander
drī, *three*   dritte
vier, *four*   vierde
fünf (finf), *five*   fünfte, finfte
sëhs, *six*   sëhste
siben, *seven*   sibende, ·te
ahte, *eight*   ahtede, ahte
niun, *nine*   niunde, ·te
zëhen, *ten*   zëhende, ·te
einlif (eilif), *eleven*   ei(n)lifte, eilfte
zwelf, *twelve*   zwelfte
drīzëhen, *thirteen*   drīzëhende
vierzëhen, *fourteen*   vierzëhende
fünfzëhen, *fifteen*   fünfzëhende
sëh(s)zëhen, *sixteen*   sëh(s)zëhende
sibenzëhen, *seventeen*   sibenzëhende
ah(t)zëhen, *eighteen*   ah(t)zëhende
niunzëhen, *nineteen*   niunzëhende
zweinzic (or ·zec), *twenty*   zweinzigeste
drīẓic   „   *thirty*   drīẓigeste
vierzic   „   *forty*   vierzigeste
fünfzic   „   *fifty*   fünfzigeste

sëhszic (*or* ·zec),	*sixty*	sëhszigeste
sibenzic „	*seventy*	sibenzigeste
ah(t)zic „	*eighty*	ah(t)zigeste
niunzic „	*ninety*	niunzigeste
zëhenzic *or* hundert }	*hundred*	{ zëhenzigeste *or* hundertste
zwei hunt *or* hundert }	*two hundred*	zweihundertste
tūsent	*thousand*	tūsentste
zwei tūsent	*two thousand*	zweitūsentste

§ 63. Ein follows the strong declension, when used as a numeral. The dat. einme is generally contracted to eime (§ 9, 3). When ein is used in the sense of *alone*, it follows the weak declension. On the inflexion of ander, *second*, see § 55. Zwei and drī are declined as follows :—

	Masc.	*Neut.*	*Fem.*
Nom. Acc.	zwēne	zwei	zwō, zwuo, zwā
Gen.	zwei(g)er (§ 35)	zwei(g)er	zwei(g)er
Dat.	zwein, zweien	zwein, zweien	zwein, zweien
Nom. Acc.	drī, drīe	driu	drī, drīe
Gen.	drī(g)er (§ 35)	drī(g)er	drī(g)er
Dat.	drĭn, drīen	drĭn, drīen	drĭn, drīen

§ 64. The other cardinals up to twelve are sometimes inflected; when such is the case the endings are :—

	Masc. and Fem.	*Neut.*
Nom. Acc.	·e	·iu
Gen.	·er	·er
Dat.	·en	·en

hundert and tūsent are neuter nouns.

CHAPTER V

PRONOUNS

1. Personal.

§ 65.

Sing.

Nom.	ich, *I*	du, dū, *thou*
Acc.	mich	dich
Gen.	mīn	dīn
Dat.	mir	dir

Plur.

Nom.	wir	ir
Acc.	unsich, uns	iuch
Gen.	unser	iuwer
Dat.	uns	iu

Sing.

	Masc.	*Neut.*	*Fem.*
Nom.	ër, *he*	ëz, *it, there*	si, sī, siu, sie,
Acc.	in	ëz	sie, si, sī
Gen.	(ës)	ës	ir(e)
Dat.	im(e)	im(e)	ir(e)

Plur.

Nom. Acc. si, sī, sie (Neut. also siu), *they*
Gen. ir(e)
Dat. in

Note.—1. The gen. ir is often used as a possessive pronoun. For ëz the form iz sometimes appears.

2. For the acc. pl. unsich the dat. uns is mostly used. iu is often used for iuch, and *vice versa*. im, ir are more usual than ime, ire.

3. The unstressed forms of personal pronouns are often

attached to other words, as ichz, iz = ich ëz; ichne, ine, ichn
= ich ne (*not*); tuostu = tuost du; dune, dun = du ne (*not*);
tuoz = tuo ëz; eist, ēst = ëz ist; deiz = daz ëz; mohter =
mohte ër; baten = bat in; wirz = wir ëz, &c.

§ 66. 2. REFLEXIVE.

	SING.	PLUR.
Acc.	sich	sich
Gen.	sīn (fem. ir)	ir
Dat.	im, ir	in

§ 67. 3. POSSESSIVE.

mīn, *my*; dīn, *thy*; sīn, *his*; ir, *her*; unser, *our*; iuwer, *your*; ir, *their*.

They are declined like the strong adjective **michel**, *great* (§ 55). The dat. sing. forms dīnme, sīnme are generally contracted to dīme, sīme, see § 9, 3.

§ 68. 4. DEMONSTRATIVE.

SING.

	Masc.	*Neut.*	*Fem.*
Nom.	dër, *the*	daz	diu
Acc.	dën	daz	die
Gen.	dës	dës	dër(e)
Dat.	dëm(e)	dëm(e)	dër(e)
Instr.		diu	

PLUR.

	Masc.	*Neut.*	*Fem.*
Nom.	die	diu	die
Acc.	die	diu	die
Gen.	dër(e)	dër(e)	dër(e)
Dat.	dën	dën	den

Like dër is also declined **jener**, *that*, except that the Nom., Acc. sg. neut. ends in **·eʒ**. dër, &c., is used both as definite article and relative pronoun.

NOTE.—1. For the fem. nom. sing. and the neut. nom. acc. pl. diu, the form die was sometimes used; and conversely diu for die in the fem. acc. singular. diu and die were sometimes weakened to de, and to d' before words beginning with a vowel. daʒ was sometimes weakened to deʒ, and still further to ʒ which was then attached to a preceding word, as lātʒ kind = lāt daʒ kint; anʒ, inʒ = an, in daʒ. dēst, deis, dēs = daʒ ist.

2. The various cases were often fused into one word with prepositions, as anme, ame, am = an dëme; zëme, zëm = ze dëme; ūfme = ūf dëme; zër = ze dër (fem.); übern = über dën; ūfën = ūf dën; zën = ze dën.

SING.

	Masc.	*Neut.*	*Fem.*
Nom.	dirre (diser, dise), *this*	ditze, diz, diʒ	disiu
Acc.	disen	ditze, diz, diʒ	dise
Gen.	dises	dises	dirre
Dat.	disem(e)	disem(e)	dirre

PLUR.

Nom.	dise	disiu	dise
Acc.	dise	disiu	dise
Gen.	dirre	dirre	dirre
Dat.	disen	disen	disen

5. RELATIVE.

§ 69. A relative pronoun proper did not exist in the oldest periods of the Germanic languages, and accordingly the separate languages expressed it in various ways. In MHG. the following pronouns and adverbial particles were used to express it:—

1. dër, daz (also used as a conjunction), diu, also in combination with the particles dar der dā. 2. sō, alsō (alse, als), *as*; sam (alsam), *as*. 3. dā(r), *where*, dar, *thither*, whither, darinne, *therein*, dannen, *wherefrom*, darumbe, *therefore*, dō, *when, as*. 4. Indefinite relatives, as swër (from sō wër), *whoever*, swelch, *each who*, swëder, *who of two*; swā, swar, *wherever*, swannen, swanne (swenne), *whenever*, swie, *however, howsoever*. 5. The conjunction unde, *and*.

6. Interrogative.

§ 70. The MHG. simple interrogative pronoun has no independent form for the feminine, and is declined in the singular only.

	Masc. Fem.	*Neut.*
Nom.	wër, *who*	waz
Acc.	wën	waz
Gen.	wës	wës
Dat.	wëm(e)	wëm(e)
Instr.		wiu

In the same manner are declined the compounds:
swër (from sō wër), *whoever*, etewër, eteswër, *anyone*, neizwër (= ne weiz wër, *I do not know who*), *anyone*.

wëder, *who of two*, is declined like a strong adjective; welīch (welch), *which*, is also declined like a strong adjective, but the nom. singular remains uninflected.

7. Indefinite.

71. ander, *other*; dechein, dehein, dekein, *no, none*; dewëder, *neither*; ein, *one, some one*: when ein is used with the meaning *alone* it follows the weak declension; etelīch, etlīch, eteslīch, etslīch, *anyone, many a*, pl.= *some*   etewër, eteswër, *anyone*; etewaz, *anything*;

iegelich, ieslīch, iegeslīch, *each*; ieman, iemen, *someone, somebody*; iewëder, ietwëder, *each*; iewelīch, iewelich, *each*; iewiht, iht, *anything*; kein, *no*; man, *one*; manec, *many a*, declined maneger, manegez, manegiu, &c.; nehein, *no, none*; niht, *nothing*; solch, *such*, declined like manec; sum, *any one at all*, pl. *some*; sumelīch, sumlīch, *many a*; swelch, *each who*; swër, *whoever*; wëder, *which of two*; welīch (welch), *which*, declined like manec.

CHAPTER VI

VERBS

§ 72. The MHG. verb has the following independent forms:—one voice (active), two numbers, three persons, two tenses (present and preterite), two complete moods (indicative and subjunctive, the latter originally the optative), besides an imperative which is only used in the present tense; two verbal nouns (the present infinitive, and the gerund, generally called the inflected infinitive), a present participle with active meaning, and one verbal adjective (the past participle).

The MHG. verbs are divided into two great classes:— Strong and Weak. The strong verbs form their preterite (originally the perfect) and past participle by means of ablaut (§ 12). The weak verbs form their preterite by the addition of the syllable -te, and their past participle by means of a t-suffix. The strong verbs were originally further sub-divided into reduplicated and non-reduplicated verbs. The reduplication had, however, entirely disappeared in the oldest period of the language. The non-reduplicated verbs are divided into six classes according to the six ablaut-series (§ 12). The originally reduplicated verbs are put together here and called Class VII. Besides these two great classes of strong and weak verbs, there are a few others which will be treated under the general heading *Minor Groups*.

A. STRONG VERBS.

§ 73. We are able to conjugate a MHG. strong verb when we know the four stems, as seen in (1) the infinitive or first pers. sing. of the present indicative, (2) the first or third pers. sing. of the preterite indicative, (3) the first pers. plural of the preterite indicative, (4) the past participle. The pret. subjunctive and the second pers. pret. indicative have the same stem-vowel as the pret. plural indicative.

§ 74. The conjugation of **nëmen**, OHG. **nëman**, *to take*, will serve as a model for all strong verbs.

Present.

	INDIC.		SUBJ.	
	MHG.	OHG.	MHG.	OHG.
Sing. 1.	nime	nimu	nëme	nëme
2.	nimes(t)	nimis(t)	nëmes(t)	nëmēs(t)
3.	nimet	nimit	nëme	nëme
Plur. 1.	nëmen	nëmemēs, -ēm	nëmen	nëmēm
2.	nëmet	nëmet	nëmet	nëmēt
3.	nëment	nëmant	nëmen	nëmēn

	IMPER.		INFIN.	
	MHG.	OHG.	MHG.	OHG.
Sing. 2.	nim	nim	nëmen	nëman
Plur. 1.	nëmen	nëmemēs, -ēm		
2.	nëmet, (-ent)	nëmet		

GERUND.

	MHG.	OHG.
Gen.	nëmen(n)es	nëmannes
Dat.	nëmen(n)e	nëmanne

PRESENT PARTICIPLE.
nëmende   nëmanti

Verbs

Preterite.

	Indic.		Subj.	
	MHG.	OHG.	MHG.	OHG.
Sing. 1.	nam	nam	næme	nāmi
2.	næme	nāmi	næmes(t)	nāmīs(t)
3.	nam	nam	næme	nāmi
Plur. 1.	nāmen	nāmum	næmen	nāmīm
2.	nāmet	nāmut	næmet	nāmīt
3.	nāmen	nāmun	næmen	nāmīn

Past Participle.

MHG.	OHG.
genomen	ginoman

Note.—The e in the endings is regularly lost according to the rule given in § 9, 1, as sing. stil, stilst, stilt, inf. stëln, *to steal*; sing. var, verst, vert, inf. varn, *to go*. It was also frequently lost in the third pers. sing. pres. indicative of other verbs, as vint = vindet, siht = sihet, see § 9, 4 note. The n in the first pers. plural was sometimes dropped when the pronoun came after the verb, as nëme wir = nëmen wir.

The imperative singular sometimes has -e after the analogy of weak verbs (§ 90).

The OHG. forms given above show in what forms umlaut regularly took place, viz. in the second and third pers. singular of the pres. indicative, when possible, in the second pers. singular of the pret. indicative, and in the pret. subjunctive. The second pers. singular of the pret. indicative always has the same stem-vowel as the pret. subjunctive. On the absence of umlaut in the pret. subjunctive of certain types of verbs, see § 10, note. Forms without and with umlaut are found in the second and third pers. singular of the present in verbs belonging to Class VII, as slāfes(t), slāfet beside slæfes(t), slæfet.

Concerning the changes between i, ë; u, o; iu, ie; ei, ē; ou, ō in the various classes of strong verbs, see §§ 14-17.

The Classification of the Strong Verbs.

§ 75. We shall only give in each class a few verbs to illustrate the gradation of vowels and consonant changes. All other verbs occurring in the texts will be found in the Glossary referred to their proper class.

Class I.

§ 76. The verbs of this class belong to the first ablaut-series (§ 12) and therefore have ī in all forms of the present; ei in the first and third pers. sing. of the preterite, but ē before ch (= Germanic h, § 23), and finally (§ 17); and i in the preterite plural and past participle, thus:—

bīten, *to wait*	beit	biten	gebiten
swīgen, *to be silent*	sweic	swigen	geswigen
trīben, *to drive*	treip	triben	getriben

And similarly belīben, *to remain*, bīẓen, *to bite*, rīben, *to rub*, rīten, *to ride*, schīnen, *to shine*, schrīben, *to write*, sīgen, *to sink*, strīten, *to quarrel*.

snīden, *to cut*	sneit	sniten	gesniten
dīhen, *to thrive*	dēch	digen	gedigen
rīsen, *to fall*	reis	rirn (risen)	gerirn (gerisen)

And similarly līden, *to suffer*, mīden, *to avoid*, nīden, *to envy*, līhen, *to lend*, zīhen, *to accuse*. See § 30.

§ 77. The following two verbs which are also used as weak verbs have mixed forms in the preterite and past participle:—

schrīen, *to scream*	schrē	schriuwen	geschriuwen
	schrei	schrūwen	geschrūwen
		schrirn	geschrirn
spīwen, *to vomit*	spē	spiwen	gespiwen
	spei	spiuwen	gespiuwen
		spūwen	gespūwen
		spirn	gespirn

Class II.

§ 78. The verbs of this class belong to the second ablaut-series (§ 12) and therefore have ie in the present, but iu in the present singular (§ 16); ou in the first and third pers. sing. of the preterite, but ō before t, ʒ, s and ch (= Germanic h), § 18; u in the pret. plural; and o in the past participle, thus:—

biegen, *to bend*	biuge	bouc	bugen	gebogen
triefen, *to drop*	triufe	trouf	truffen	getroffen
bieten, *to offer*	biute	bōt	buten	geboten
schieʒen, *to shoot*	schiuʒe	schōʒ	schuʒʒen	geschoʒʒen

And similarly klieben, *to cleave*, kriechen, *to creep*, liegen, *to lie*, riechen, *to smell*, schieben, *to shove*, vliegen, *to fly*; dieʒen, *to roar*, gieʒen, *to pour*, vlieʒen, *to flow*.

sieden, *to seethe*	siude	sōt	suten	gesoten
ziehen, *to draw*	ziuhe	zōch	zugen	gezogen
kiesen, *to choose*	kiuse	kōs	kurn	gekorn

And similarly vliehen, *to flee*, niesen, *to sneeze*, verliesen, *to lose*, vriesen, *to freeze*. See § 30.

§ 79. On the stem-vowels in the following verbs, see § 16, note and § 36:—

bliuwen, *to strike*	bliuwe	blou	blūwen	
			bliuwen	gebliuwen
			blouwen	geblouwen

And similarly briuwen, *to brew*, kiuwen, *to chew*, riuwen, *to pain*.

§ 80. To this class also belong the three aorist presents:—

lūchen, *to shut*	liuche (lūche)	louch	luchen	gelochen
sūfen, *to gulp down*	sūfe	souf	suffen	gesoffen
sūgen, *to suck*	sūge	souc	sugen	gesogen

Class III.

§ 81. The verbs of this class belong to the third ablaut-series (§ 12), and include the strong verbs having a medial nasal or a liquid+consonant. Those with nasal+consonant have i throughout the present tense and u in the past participle; the others have i in the present singular, ë in the plural, and o in the past participle (see §§ 14, 15), thus:—

binden, *to bind*	binde	bant	bunden	gebunden
rinnen, *to run*	rinne	ran	runnen	gerunnen
singen, *to sing*	singe	sanc	sungen	gesungen

And similarly brinnen, *to burn*, dringen, *to press*, entrinnen, *to escape*, gelingen, *to succeed*, gewinnen, *to gain*, schrinden, *to split*, sinken, *to sink*, sinnen, *to reflect*, spinnen, *to spin*, swimmen, *to swim*, trinken, *to drink*, vinden (p.p. vunden), *to find*, winden, *to wind*. beginnen, *to begin*, pret. sing. began beside begunde, begonde, pl. begunden, p.p. begunnen.

bërgen, *to hide*	birge	barc	burgen	geborgen
hëlfen, *to help*	hilfe	half	hulfen	geholfen
stërben, *to die*	stirbe	starp	sturben	gestorben

And similarly bevëlhen, *to order*, emphëlhen, enphëlhen, *to recommend*, gëlten, *to pay*, mëlken, *to milk*, schëlten, *to revile*, swëllen, *to swell*, verdërben, *to destroy*, wërfen, *to throw*, wërren, *to confuse*. wërden, *to become*, pret. pl. wurten, wurden, p.p. worten, (ge)worden, see § 30.

Class IV.

§ 82. The verbs of this class belong to the fourth ablaut-series (§ 12). They include those strong verbs which have a liquid or a nasal before or after the stem-vowel, and a few others, thus:—

ë	i	a	ā	o
nëmen, *to take*	nime	nam	nāmen	genomen
bërn, *to bear*	bir (§ 9, 1)	bar	bāren	geborn
stëln, *to steal*	stil (§ 9, 1)	stal	stālen	gestoln
brëchen, *to break*	briche	brach	brāchen	gebrochen
vëhten, *to fight*	vihte	vaht	vāhten	gevohten

And similarly schërn, *to shear*, schrëcken, *to frighten*, sprëchen, *to speak*, vlëhten, *to plait*, zëmen (p.p. also gezëmen), *to be befitting*, stëchen, *to prick*, trëffen (p.p. troffen), *to hit*; dreschen, *to thrash*, leschen, *to be extinguished*, see § 11, 1. komen (OHG. quëman), *to come*, kume, quam, quāmen, komen; on other forms of this verb, see § 36.

Class V.

§ 83. The verbs of this class belong to the fifth ablaut-series (§ 12). They include the strong verbs containing a medial consonant other than a nasal or liquid, thus :—

ë	i	a	ā	ë
gëben, *to give*	gibe	gap	gāben	gegëben
jëhen, *to say*	gihe (§ 35)	jach	jāhen	gejëhen
sëhen, *to see*	sihe	sach	sāhen	gesëhen
wëgen, *to move*	wige	wac	wāgen	gewëgen

And similarly geschëhen, *to happen*, knëten, *to knead*, mëȥȥen, *to measure*, pflëgen, *to be accustomed*, trëten, *to tread*, vergëȥȥen, *to forget*, wëben, *to weave*.

| wësen, *to be* | wise | was | wāren | gewësen |

And similarly genësen (pret. pl. also genāsen), *to recover*, jësen, *to ferment*, lësen (pret. pl. also lāsen), *to gather, read.* See § 30.

| ëȥȥen, *to eat* | iȥȥe | āȥ(aȥ) | āȥen | gëȥȥen (§ 9, 7) |
| vrëȥȥen, *to devour* | vriȥȥe | vrāȥ | vrāȥen | vrëȥȥen |

These verbs had a long vowel in the pret. singular in the oldest period of all the Germanic languages, cp. also Lat. ēdī.

§ 84. To this class also belong the three verbs :—

bit(t)en, *to beg*	bite	bat	bāten	gebëten
ligen, *to lie down*	lige	lac	lāgen	gelëgen
sitzen, *to sit*	sitze	saʒ	sāʒen	gesëʒʒen

bit(t)en, OHG. bitten from *bidjan; ligen, OHG. liggen from *ligjan; sitzen, OHG. sitzen from *sitjan, see §§ 14, 31, 3. The inf. ligen is sometimes contracted to līn, see § 37.

Class VI.

§ 85. The verbs of this class belong to the sixth ablaut-series (§ 12), and accordingly have a in the present; uo in the pret. singular and plural; and a in the past participle. They have umlaut in the second and third pers. singular, as **grebes(t), grebet; verst, vert.** See § 10.

graben, *to dig*	gruop	gruoben	gegraben
tragen, *to carry*	truoc	truogen	getragen
maln, *to grind*	muol	muolen	gemaln
varn, *to go*	vuor	vuoren	gevarn

And similarly **laden,** *to load,* **nagen,** *to gnaw,* **schaffen,** *to create,* **spanen,** *to entice,* **waschen,** *to wash,* **wahsen,** *to grow,* **waten,** *to wade.*

slahen, *to strike*	sluoc	sluogen	geslagen
twahen, *to wash*	twuoc	twuogen	getwagen

See § 30. The pret. sing. **sluoc, twuoc** for *sluoch, *twuoch were formed after the analogy of the pret. plural.

§ 86. To this class also belong:—

stān, stēn (§ 96), to stand	stuont	stuonden	gestanden
entseben (older entseven), to perceive	entsuop	entsuoben	entsaben
gewähenen, to mention	gewuoc	gewuogen	gewagen
heben (older heven), to raise	huop	huoben	gehaben
swern (see § 35), to swear	swuor	swuoren	geswarn } gesworn

The pret. singular **stuont, entsuop, gewuoc, huop** for *stuot (cp. Engl. stood), *entsuof, *gewuoch, *huof were formed after the analogy of the pret. plural. On the b, g in the pret. plural, see § 30. The last four verbs in the list originally had a **j** in the present, which accounts for the umlaut, cp. OHG. **heffen**, Goth. **hafjan**, *to raise*. **heben** had its **b** from forms where it was regular.

Class VII.

§ 87. To this class belong the verbs which originally had reduplicated preterites. The present and past participle have the same stem-vowel; and the preterite singular and plural have **ie**. In OHG. the verbs which had **a, ā** or **ei** in the present had **ia** (older **ea, ē**) in the preterite; and those which had **ou (ō), uo** in the present had **io** (older **eo**) in the preterite. But in MHG. the **ia** and **io** regularly fell together in **ie** (§ 11, 3), so that all the preterites had **ie**.

bannen, to banish	bien	bienen	gebannen
halten, to hold	hielt	hielten	gehalten
slāfen, to sleep	slief	sliefen	gesläfen
heiʒen, to call	hieʒ	hieʒen	geheiʒen
loufen, to run	lief	liefen	geloufen
ruofen, to call	rief	riefen	geruofen

And similarly **halsen,** *to embrace,* **salzen,** *to salt,* **spalten,** *to split,* **spannen,** *to span,* **vallen,** *to fall,* **valten,** *to fold,* **wallen,** *to bubble*; **bāgen,** *to quarrel,* **blāsen,** *to blow,* **brāten,** *to roast,* **lāʒen** (see also § 99), *to let, leave,* **rāten,** *to advise*; **meiʒen,** *to cut,* **scheiden,** *to separate,* **sweifen,** *to rove*; **bōʒen,** *to strike,* **stōʒen,** *to push,* **houwen** (pret. hiu and hie, pl. hiuwen, hiewen), *to hew*; **wuofen,** *to bewail.*

gān, gēn, *to go*	gienc (gie)	giengen	(ge)gangen
hāhen (§ 29) hān (§ 38) }, *to hang*	hienc (hie)	hiengen	gehangen
vāhen (§ 29) vān (§ 38) }, *to catch*	vienc (vie)	viengen	gevangen
erren, ern, *to plough*	ier	ieren	gearn

On the interchange between h and ng, see § 30; **erren, ern** from older *****arjan.**

B. Weak Verbs.

§ 88. The OHG. weak verbs were divided into three great classes according as the infinitive ended in ·en from older *·**jan,** ·**ōn,** or ·**ēn.**

The characteristic endings of the three OHG. classes were:—

Present.

	Class I.	Class II.	Class III.
Indic. sing.	·u, ·is(t), ·it	·ōn, ·ōs(t), ·ōt	·ēn, ·ēs(t), ·ēt
„ plur.	·ēn, ·et, ·ent	·ōn, ·ōt, ·ōnt	·ēn, ·ēt, ·ēnt
Subj. sing.	·e, ·ēs(t), ·e	·o, ·ōs(t), ·o	·e, ·ēs(t), ·e
„ plur.	·ēn, ·ēt, ·ēn	·ōn, ·ōt, ·ōn	·ēn, ·ēt, ēn
Imper. sing.	·i	·o	·e
„ plur.	·ēn, ·et	·ōn, ·ōt	·ēn, ·ēt

§ 88] *Verbs* 67

Preterite.

		CLASS I.	CLASS II.	CLASS III.
Indic.	sing.	-ta, -tōs(t), -ta -ita, -itōs(t), -ita	-ōta, -ōtōs(t), -ōta	-ēta, -ētōs(t), -ēta
,,	plur.	-tun, -tut, -tun -itun, -itut, -itun	-ōtun, -ōtut, -ōtun	-ētun, -ētut, -ētun
Subj.	sing.	-ti, -tīs(t), -ti -iti, -itīs(t), -iti	-ōti, -ōtīs(t), -ōti	-ēti, -ētīs(t), -ēti
,,	plur.	-tīn, -tīt, -tīn -itīn, -itīt, -itīn	-ōtīn, -ōtīt, -ōtīn	-ētīn, -ētīt, -ētīn

Past Participle.

Uninfl. form	-it	-ōt	-ēt
Infl. ,,	-ter -iter	-ōter	-ēter

Infinitive.

-en	-ōn	-ēn

In OHG. the verbs of Class I were divided into two sub-divisions: (*a*) polysyllabic verbs and those containing an old long stem-syllable; (*b*) those which originally had a short stem-syllable (cp. § 31, 3). The former formed their preterite in **-ta,** and the latter in **-ita**; and similarly in the inflected form of the past participle. In MHG. all the unaccented vowels **i, e, a, o, u, ī, ē, ō** regularly fell together in e (§ 7), so that the old distinction between the endings of the three classes of verbs was to a great extent obliterated. The OHG. verbs with a short stem-syllable belonging to Classes II and III came in MHG. to be inflected entirely like sub-division (*b*) of Class I; and those with a long stem-syllable mostly came to be inflected like sub-division (*a*) of Class I, see §§ 9, 2, 92.

Owing to all the OHG. unaccented vowels being weakened to e the MHG. endings are:—

	Sing.	Plur.
Pres. Indic.:	-e, -es(t), -et	-en, -et, -ent
„ Subj.:	-e, -es(t), -e	-en, -et, -en
Pret. Indic. and Subj.:	-te, -tes(t), -te -ete, -etes(t) -ete	-ten, -tet, -ten -eten, -etet, -eten
Imper.	-e	-en, -et
P.P. Uninfl. form	-et	
Infl. „	-ter -eter	
Infin. -en.		

Final -n in the first pers. sing. of the pres. indicative of the old Classes II and III remained in early MHG., but during the MHG. period the first person was remodelled after the analogy of Class I.

NOTE.—Old forms with ŏ (u) for later e occasionally occur in verbs originally belonging to the OHG. Class II; and in like manner ĭ for e in the pret. subjunctive.

§ 89. The MHG. weak verbs are divided into two classes, according as the preterite is formed in -te or -ete (see however § 40). The inflexion of the present is the same in both classes.

CLASS I.

§ 90. To this class belong (1) verbs which have old long stem-syllables. Those having a mutated vowel in the present have the corresponding unmutated vowel in the preterite. The i which would have caused umlaut in the preterite disappeared in the prehistoric period of the language. The past participle generally has two forms: one with a mutated vowel, and the other without it, properly from the old inflected form which did not have umlaut. (2) Verbs having a short stem-vowel followed by a single consonant (l, r), and trisyllabic verbs containing an l, n, or r in the second syllable, as zeln, older zellen (§ 31, 3), *to count*, pret. zelte beside zalte, p.p. gezelt beside gezalt; nern, *to rescue*, pret. nerte (OHG. nerita), p.p. genert; and similarly doln (OHG. dolōn), *to tolerate*, seln, *to hand over*, spiln, *to play*, weln, *to choose*; wern, *to defend*; wandeln (OHG. wantalōn), *to change*, pret. wandelte; vordern (OHG. fordarōn), *to further*, pret. vorderte; sëgenen (OHG. sëganōn), *to bless*, pret. sëgente. See §§ 9, 1, 2, 92.

Present.

	Indic.	Subj.	Imper.
Sing. 1.	kenne	kenne	
2.	kennes(t)	kennes(t)	kenne
3.	kennet	kenne	
Plur. 1.	kennen	kennen	kennen
2.	kennet	kennet	kennet, (-ent)
3.	kennent	kennen	

Preterite.

	Indic.	Subj.
Sing. 1.	kante	kante
2.	kantes(t)	kantes(t)
3.	kante	kante
Plur. 1.	kanten	kanten
2.	kantet	kantet
3.	kanten	kanten

Infin. kennen, *to know*; Pres. Part. kennende; Past Part. gekennet, gekant.

And similarly with a large number of verbs, as blüemen, *to bloom*, brennen, *to burn*, füllen, *to fill*, grüezen, *to greet*, hœren, *to hear*, küssen, *to kiss*, lœsen, *to loose*, nennen, *to name*, rennen, *to run*, senden (pret. sante), *to send*, senken, *to sink*, setzen (pret. satte, sazte, p.p. gesat, gesazt, gesetzt), *to set*, stellen, *to place*, süeʒen, *to sweeten*, vellen, *to fell*, wænen, *to fancy*, wünschen, *to wish*; gelouben, *to believe*, kēren, *to turn*, koufen, *to buy*, leiten (pret. leite), *to lead*, ougen, *to show*, suochen, *to seek*. The verba pura have double forms in the present and preterite, as dræjen, dræn (§ 35), *to turn*, pret. drāte beside the new formation dræjete, dræte, and similarly blüejen, *to bloom*, müejen, *to trouble*, rüejen, *to row*, sæjen, *to sow*, wæjen, *to blow*. Verbs with medial ck have double preterites, as decken, *to cover*, pret. dacte beside dahte, and similarly drücken, drucken, *to press*, smecken, *to taste*, wecken, *to awake*. See also § 92.

§ 91. The following are irregular:—

Infin.	*Pret.*	*P.P.*
denken, *to think*	dāhte	gedāht (§§ 28, 29)
dunken, dünken, *to seem*	dūhte	gedūht (§§ 28, 29)
furhten, fürhten, *to fear*	vorhte	gevorht
wurken, würken, *to work*	worhte	geworht
bringen, *to bring*	brāhte	gebrāht (§§ 28, 29)

NOTE.—The second pers. sing. of brāhte is bræhte or brāhtes(t), pret. subj. bræhte; and similarly with dāhte; the subj. of dūhte is dūhte or diuhte.

CLASS II.

§ 92. The verbs belonging to this class form their preterite in -ete and their past participle in -et. In other respects Class II has the same endings as Class I.

It includes: (*a*) The dissyllabic verbs, having a short stem-vowel followed by a single consonant other than l, r, which in OHG. belonged to Classes II and III, as loben (OHG. lobōn), *to praise*, pret. lobete, p.p. gelobet; lëben (OHG. lëbēn), *to live*, pret. lëbete, p.p. gelëbet (see § 88). (*b*) The dissyllabic verbs of OHG. Class I with a short stem-vowel followed by double consonants other than ll (see § 31, 3), as legen, older leggen (OHG. leggen), *to lay*, pret. legete or leite (§ 37), p.p. geleget or geleit; denen, older dennen (OHG. dennen), *to stretch*, pret. denete, p.p. gedenet.

Other examples belonging to Class II are: bëten, *to pray*, dagen, *to be silent*, klagen, *to complain*, klëben, *to stick*, laden, *to invite*, namen, *to name*, sagen, *to say*, pret. sagete and seite (§ 37).

The verbs with a long stem-syllable, which belonged to OHG. Classes II and III, went over in MHG. either into Class I (1), see § 90, or had preterites in -te beside -ete, as danken, *to thank*, pret. dancte beside dankete, p.p. gedanct beside gedanket; vrāgen, *to ask*, pret. vrāgte beside vrāgete, p.p. gevrāgt beside gevrāget, and similarly ahten, *to observe*, minnen, *to love*, trahten, *to strive*, &c., see §§ 9, 2, 90; dienen, *to serve*, pret. diende (§ 40), &c.

C. Minor Groups.

1. Preterite-Presents.

§ 93. These have strong preterites with a present meaning, from which new weak preterites have been formed. The 2nd pers. sg. ends in -t, and has the same stem-vowel as the 1st and 3rd pers. sg. The following verbs belong to this class:—

weiȝ, *I know*, 2nd pers. sg. weist; pl. wiȝȝen; inf. wiȝȝen; pres. p. wiȝȝende; pret. wisse, wesse, wiste *or* weste; p.p. gewist *or* gewest.

touc, *I am of use*, inf. and pl. tugen *or* tügen; pret. tohte; subj. töhte.

gan, *I grant*, 2nd pers. sg. ganst; inf. and pl. gunnen *or* günnen; pret. gunde; subj. gunde *or* günde; p.p. gegunnen, gegunnet, *or* gegunst.

kan, *I know*, 2nd pers. sg. kanst; inf. and pl. kunnen or künnen; pret. kunde (konde); subj. kunde or künde.

darf, *I need*, 2nd pers. sg. darft; pl. durfen or dürfen; pret. dorfte; subj. dörfte; infin. and p.p. only in bedürfen, bedorft.

tar, *I dare, venture*, 2nd pers. sg. tarst; inf. and pl. turren or türren; pret. torste; subj. törste.

sol, *I shall*, 2nd pers. sg. solt; inf. and pl. suln or süln; pret. solde or solte.

mac, *I can*, 2nd pers. sg. maht; pl. magen, megen, mugen, or mügen; pret. mahte or mohte; subj. mehte (mahte) or möhte.

muoʒ, *I must*, 2nd pers. sg. muost; pl. müeʒen; pret. muoste or muose; subj. müeste or müese.

2. Anomalous Verbs.

§ 94.   (1) tuon, *to do*.

Present.

	Indic.	Subj.
Sing.	tuon (tuo)	tuo
	tuos(t)	tuos(t)
	tuot	tuo
Plur.	tuon	tuon
	tuot (tuont)	tuot
	tuont	tuon

Infin. tuon
Imper. tuo
Pres. P. tuonde

Preterite.

		Indic.	Subj.
Sing.		tëte (tët)	tæte (tëte)
		tæte	tætes(t)
		tëte (tët)	tæte
Plur.		tāten (tæten, tëten)	tæten

P.P. getān

§ 95. (2) gān, *to go.*

Present.

	INDIC.	SUBJ.
Sing.	gān, gēn gās(t), gēs(t) gāt, gēt	gē (gā, gange) gēs(t) (gās(t), ganges(t)) gē (gā, gange)
Plur.	gān, gēn	gēn (gān, gangen)

INFIN. gān, gēn
IMPER. ganc, genc, ginc (gā, gē)
PRES. P. gānde, gēnde

Preterite.

Sing. gienc *or* gie
Plur. giengen
P.P. (ge)gangen *or* gegān

§ 96. (3) stān, *to stand.*

Present.

	INDIC.	SUBJ.
Sing.	stān, stēn, stā, stē stās(t), stēs(t) stāt, stēt	stā, stē (stande), &c.
Plur.	stān, stēn	

INFIN. stān, stēn
IMPER. stā, stē, stant

Preterite.

stuont
P.P. gestanden *or* gestān

§ 97. (4) sīn, wësen, *to be.*

Present.

	INDIC.	SUBJ.
Sing.	bin	sī (sīge, sīe)
	bis(t)	sīs(t) (sīges(t), sīes(t))
	ist	sī (sīge, sīe)
Plur.	birn, sīn	sīn (sīgen, sīen)
	birt, sīt	sīt (sīget, sīet)
	sint	sīn (sīgen, sīen)

INFIN. sīn, wësen.
Indic. Pret. Sing. was; pl. wāren (§ 30)
Subj. ,, ,, wære; pl. wæren
P.P. gewësen (gewëset)

(5) wellen, *to will.*

§ 98.
Present.

	INDIC.	SUBJ.
Sing. 1.	wil	welle
2.	wil, wilt	welles(t)
3.	wil	welle
Plur. 1.	wellen, weln	wellen
2.	wellet, welt	wellet
3.	wellen, weln	wellen
Pret.	wolte *or* wolde (§ 40)	wolte *or* wölte
Infin.	wellen.	

3. Contracted Verbs.

§ 99. (1) lān = lāʒen, *to let, leave.*
Pres. Sing. lān, lās(t), læs(t), lāt (læt)
,, Plur. lān, lāt, lān
Pret. lie *or* lieʒ (§ 87).
Imper. lā, lāt
Infin. lān. P.P. (ge)lān

(2) hān = haben, *to have*.

Pres. Sing. hān, hās(t), hāt
„ Plur. hān, hāt, hān
Pret. hāte (hëte, hēt(e), hiet(e), hæte), hātes(t), &c.
Subj. pres. habe, habes(t), &c.
„ pret. hæte, hete, hēte, hiete, hatte, &c.
Infin. hān. P.P. gehabet, gehapt, gehāt.

The contracted form hān, &c., is mostly used as an auxiliary.

CHAPTER VII

SYNTAX

CASES.

§ 100. **Accusative.** The accusative has much the same function as in NHG. It is sometimes used, however, where the dat. or a preposition would be required in NHG.:—ër vuor wazzer unde wëge, *he went by water and land*. The acc. is used after wol, *well*, when used as an interjection, as wol mich. A double accusative is required not only after lēren, *to teach*, but also after hëln, verhëln, *to conceal*, verdagen, verswīgen, *to keep secret*.

§ 101. **Dative.** ruofen, *to call*, and schirmen, *to protect*, take the dative. The dative is often used adverbially: allenthalben, *on all sides*, wīlen(t), *formerly*, &c.

§ 102. **Genitive.** The genitives hande, slahte, leie = *manner* are used adverbially: maneger hande, slahte, *or* leie, *in many ways, manifoldly*.

The gen. is used in combination with the comparative of adjectives, as dicker eines dūmes, *thicker by the breadth of a thumb*. Indefinite and interrogative pronouns, used substantively, take the genitive: **iemen armer liute,** *any poor people*; **niht schœneres,** *nothing more beautiful*; **dës enmac niht sīn,** *that cannot be*; **waz mannes ër wære,** *what kind of man he was.* In the same manner the rel. **swaz** may take the genitive: **swaz man vant dër armen,** *whatever poor people one found.*

The genitive may be used predicatively:—**sīt sī dës goteshūses sint,** *since they belong to the house of God*; **diu sorge ist mīn eines niht,** *I am not the only one who has sorrow.*

Impersonal verbs often take the genitive: **mich genüeget dës,** *that is enough for me*; **mich gezimt dës,** *that pleases me.*

The genitives **dës** and **wës** may be used adverbially in the sense of *therefore, wherefore*; and likewise many nouns: **tages,** *by day*; **dës sëlben tages,** *the same day*; **nahtes,** *by night.*

Interjections usually take the genitive: **owē mir mīnes leides!** *alas! for my grief.* **vil,** *much, many*; **mē(re),** *more*; **wēnic, lützel,** *little*; **minner, minre,** *less*; and **genuoc,** *enough,* used as indeclinable substantives, are followed by the genitive. Cardinal numerals, used substantively, are also followed by the genitive: **zweinzec starker man,** *twenty strong men.*

ADJECTIVES.

§ 103. The weak and strong forms are used in the same manner as in Mod. HG. **dirre,** *this*, is followed by the weak or strong form; **aller,** *all*, usually by the strong. The strong or weak form can be used after pronouns, as **ich armer** or **ich arme,** *I poor* ... In the vocative the weak form without the article is used, as **guoten liute,** (*ye*) *good people.* When the same adjective refers to nouns of different gender, it is put in the neuter plural.

ein and the possessive pronouns are followed by the

§§ 104-6] *Adjectives, Pronouns, Verbs* 77

strong form in the Nom. and Acc. singular ; by the strong or weak form in the pl. and Gen. and Dative singular.

The possessive pronouns are declined strong.

The uninflected form of the adjective is used side by side with the inflected in the Nom. singular, all genders, and Acc. singular neuter, when the adjective comes before the noun: **ein guot man,** *a good man.* When the adjective stands after the noun the uninflected form may be used without reference to number, gender, or case. **ein, dehein,** and the possessive pronouns have the uninflected form in the Nom. for all genders, and Acc. neuter. The uninflected form of **al,** *all,* can be used before all forms of the definite article: **in al dër wërlte,** *in all the world.* See § 55.

PRONOUNS.

§ 104. **im, ir,** pl. **in,** are used to express the dative of the reflexive pronoun. **dër** is sometimes used pleonastically, as **dër brunne, dër was küele,** *the spring was cool.* **man** used as an indefinite pronoun can take the definite article along with it.

VERBS.

§ 105. Number. The verb can be used in the singular after a compound subject, as **Volkēr und Hagene sō sēre wüeten began,** ... *began to rage so furiously.*

§ 106. Tenses. The fut. simple is expressed by **sol, muoʒ, wil** and the infin., or simply by the pres., as in OE.: **ich sol gān,** *I shall go*; **bin ich gnislīch, sō genise ich,** *if I am curable, I shall recover.* For the fut. pf. the pf. is used: **daʒ ist schiere getān,** *that will soon have been done.* The pf. is expressed either by the simple pret. or the p.p. and the verbs **hān, sīn**; in subordinate sentences the pret. often has the meaning of the pluperfect: **dō du** von ir schiede, zehant sie starp, *she died immediately after thou hadst taken leave of her.*

The preterite acquires a pluperfect, and the present a future perfect meaning when the prefix **ge** is added to them: **swenne iuwer sun gewahset,** *when your son (shall have) has grown up*; **dō ich in gesach,** *when I had seen him.* The present participle with **sīn** is sometimes used as in English, see 'Arme Heinrich,' l. 24.

§ 107. **Voice.** The present and preterite passive are expressed by **wërden** and the p.p., and the corresponding perfect tenses by **sīn** and the p.p.

Pres. ich wirde gelobet.
Pret. ich wart ,,
Perf. ich bin ,,
Plupf. ich was ,,
Inf. gelobet sīn.

§ 108. **Negation.** Negation in sentences is expressed by **ne (en, n)** before the verb, and **niht** after it: **ër enist guot,** *he is not good.* **niht** is frequently omitted, especially after the preterite presents, the verbs **wellen, lān,** sentences containing negative pronouns or adverbs, and in subordinate sentences.

en without **niht** is used with the subjunctive in subordinate sentences in the sense of *unless, if not, except that, when that, that not,* &c.: **dën līp wil ich verliesen, si enwërde mīn wīp,** *I will die if she will not become my wife*; **ich wæne nieman in dër wërlte lëbe, ërn habe ein leit,** *I believe no one lives in the world who has not his trouble.*

en is further also used in the sense of Latin 'quin': **ich mac daz niht bevarn, mirn wërde mīn ritterschaft benomen,** *I cannot prevent my knighthood being taken away from me.*

TEXTS

I

BERTHOLD VON REGENSBURG.

His name was properly Berthold Lech. He was the most celebrated preacher of the thirteenth century. He died in Regensburg in 1272. The following extract is from a sermon on Matt. v. 8.

'Sælic sint die armen: wan daʒ himelrīch ist ir,' etc. Mit disen aht tugenden sint alle die ze himelrīche komen, die dā sint, und mit den selben aht tugenden müeʒent noch alle die dar komen, die iemer mēr dar komen sūln. Nū wil ich die siben under wegen lān und wil niuwen von ir einer sagen, wan alse 5 vil guoter dinge an ir ieglīcher ist; und von ir ieglīcher wære gar vil und gar lanc sunderlīchen ze sagenne; und wie manigiu untugent uns an disen ahte tugenden irret, daʒ würde eht von ieglīcher gar lanc ze sagenne. Wan man eʒ alleʒ in einer predigen niht verenden mac, noch in vieren, noch in zehenen, sō 10 wil ich iu hiute niuwen sagen von den, die ein reine herze habent, und von den man hiute dā liset in dem heiligen ewangelio 'sælic sint, die reines herzen sint: die werdent got sehende.' Die sint wol von rehte sælic, die dā got sehent. Ein übergülde ist eʒ aller der sælikeit, diu ie wart oder iemer mēr eht werden 15 mac, swer got ansehende eht wirt, alsō süeʒe und alsō wünneclich ist diu gesiht, die man an got siht. Sō wart nie deheiner muoter ir kint nie sō liep, ān unser frouwen, und solte si eʒ drīe tage ane sehen ān underlāʒ, daʒ si anders niht enpflæge, wan eht si ir liebeʒ kint solte an sehen: si æʒe an dem vierden 20 tage vil gerner ein stücke brōtes. Und wolte ich vil gerner, daʒ

ich alsō ein guot mensche wære, als daȝ wār ist, daȝ ich iezuo
reden wil. Ob daȝ alsō wære, daȝ man zuo einem menschen
spræche, der iezuo bī gote ist, ' du hāst zehen kint ūf ertrīche,
und du solt in koufen allen samt, daȝ sie ēre und guot haben unz
5 an ir tōt, dā mit, daȝ du einigen ougenblic' von gotes angesiht
tuost, niuwen als lange als einȝ sīn hant möht umbe kēren, und
sich danne wider zuo gote, und du solt dīn ougen niemer mēr
von im kēren': der mensche entæte sīn niht. Alse wār, herre,
dīn wārheit ist, alse wār ist disiu rede, daȝ er disiu zehen kint
10 unze an ir tōt ē nāch dem almuosen lieȝe gēn, ē danne er sich
die kleine wīle von gote wolte wenden. In habent die engel wol
sehzic hundert jār an gesehen, und sehent in hiute als gerne als
des ērsten tages. Und sie sint ouch alle samt sam des ērsten
tages, dō sie got an sehende wurden. Dō wart ir deheiner sīt
15 nie eltlīcher 'danne des ērsten tages, und sint doch sider wol
sehzic hundert jār alt. Swelher hundert jār alt würde under
uns, der wære den liuten alse smæhe an ze sehenne von unge-
staltheit und von dem gebresten, den daȝ alter an im hæte
gemaht: sō mālet man die engele—dā sehet ir wol, swā man
20 sie mālt, daȝ man sie eht anders niht enmālt wan als ein kint
von fünf jāren, als junclich, oder von sehsen. Wan alle, die got
sehent, die werdent niemer eltlīcher, die in in himelrīche sehent
in sīnen freuden und in sīnen ēren. Ūf ertrīche sehen wir in
alle tage in sīnem gewalte. Dehein irdenischer muot noch
25 irdenisch līp möhte daȝ niht erlīden, daȝ in dehein irdenisch
ouge iemer an gesehen möhte in sīnen freuden und in sīnen ēren,
als er ze himelrīche ist. Wir sagen iu ettewenne ein glīchnisse,
wie schœne got sī. Seht, alleȝ daȝ wir iemer gesagen künnen
oder mügen, daȝ ist rehte dem glīche, als obe ein kint uns solte
30 sagen, ob eȝ müglich wære, von aller der wirde und von aller
der gezierde, die diu werlt hāt, von der liehten sunnen, von den
liehten sternen, von edelre gesteine craft und von ir maniger
slahte varwe, von der edelen würze craft und von dem edelen
gesmacke, und von der rīchen gezierde, die man ūȝer sīden und
35 ūȝer golde machet in dirre werlte, und von maniger hande

süezen stimme, die diu werlt hāt, von vögelīn sange und von seitenspil, und von maniger hande bluomen varwe, und von aller der gezierde, die disiu werlt hāt. Alse unmügelich unde alse unkuntlīchen eime kinde dā von ze redenne ist, als unkunt ist ouch uns dā von ze redenne, von der unsegelīchen wünne, diu dā ze himel ist, und von dem wünneclīchen antlütze des lebendigen gotes. Wan alliu diu freude, diu dā ze himele ist, der ist niht wan von dem schīne, der von unsers herren antlütze gēt. Und rehte als alle sternen ir lieht von der sunnen nement, alsō habent alle heiligen ir gezierde und ir schōnheit von gote, und engele und allez himelische her. Reht als alle die sternen des himeles, der māne und die planēten, grōz und kleine, die habent alle samt ir lieht von der sunnen, diu uns dā liuhtet: und also hāt allez himelischez her, engel und heiligen, die hœhsten und die minnesten, die habent alle samt ir freude und ir wünne und ir gezierde und die ēre und die wirde und ouch die schœnde, daz habent sie alle samt von der angesihte gotes, daz sie got an sehent. Die engele, die dā unser hüetent, die sehent in ze aller zīt an, als ob sie bī im wæren. Wan alliu diu freude, diu in himelrīche ist, diu diuhte sie ze nihte, solten sie got niht an sehen. Und dā von ‘sælic sint, die reines herzen sint; wan sie werdent got sehende.’ Nu sehent, wie sælic die sint, die dā reinez herze tragent. Ir, junge werlt, die noch unbewollen sint mit sünden, behaltent iuwer herze vor allen tœtlīchen sünden, sō werdent ir got sehende in solīchen freuden und in sō grōzen ēren, die ouge nie gesach oder ōre nie gehōrte, alse sant Paulus dā sprichet; und alse sant Johannes sprichet: ‘wær ez mügelich, daz man ez allez samt geschriben möhte, sō möhte diu werlt diu buoch in ir niht behalten, dā ez an gestüende, daz ich gesach. Und allez, daz ich gesach, daz was niht wan got alleine.’ Und dar umbe möhten wir doch gerne ze dem himelrīche komen und drumbe arbeiten. Ob uns niht diu minne und diu liebe dar twünge, der wir gote schuldic sīn, seht, sō möhten wir dar umbe dar komen, durch daz wunder, daz dā ist. Ez ist maniger vor mir: der im von sō getāner freude seite, daz si jenhalp meres wære, er füere gar gerinclīchen

dar von hinnen über mer, niuwen daz erz gesæhe. Sō möhtent
ir hundertstunt gerner dar umb arbeiten, daz irz iemer mēre ēwic-
līchen niezen soltet. Die vil wünneclīchen angesiht des almehtigen
gotes und der himelischen küniginne ze der zeswen sīner sīten in
5 guldīner wæte, die möhtet ir gerne an sehen. Wan würde iu
einiger anblic, sō wære iu alliu diu freude und diu ēre und aller
der wollust, den diu werlt ie gewan, daz wær iu hinne für als
widerzæme und ouch alse unmære, reht als sant Paulus dā sprach.
Nu hœret wie er sprach; er sprach: 'alliu diu ēre und diu
10 freude und daz gemach, diu disiu werlt ie gewan von keisern
und von künigen, wider der freude, diu in himelrīch ist; als
widerzæme einem wære ein diep an einem galgen, als kurz einem
diu wīle dā mite wære, daz er einen erhangen man triuten
solte, wider aller der freude, die diu werlt hāt : alse widerzæme
15 ist mir diu freude aller der werlte wider der ēwigen freude.'
Ei wol iuch wart, daz iuch iuwer muoter ie getruoc, die sō
getāne freude süln besitzen. Der ist, ob got wil, vil maniger vor
mīnen ougen. Ouch ist maniger, der vil kleine freude dar für
nimt hie ūf ertrīche, und daz dem guoten sante Paulen gar
20 versmāhte, des wirt im der tūsentste teil niht. Und die habent
übel kouft, die sō übergrōze freude gebent umb ein sō kurzez
freudelīn in dirre werlte. Die habent übel gevarn; wan sie
habent weder hie noch dort niht. Als ich iezuo sprach, rehte in
glīcher wīse, rehte alse alle sternen des himeles ir lieht von der
25 sunnen habent, alsō hāt allez himelisch her ir lieht von dem
wāren sunnen, sīt danne unser herre der wāre sunne und daz
wāre lieht ist, alse der guote sant Johannes dā sprichet. Der
hei et in daz wāre lieht; als ouch daz vil wār ist: wan er ist
daz wāre lieht, daz niemer mēr verlischet. Und alle, die von
30 sīme gotvarwen liehte enzündet werdent, die erleschent ouch
niemer mēre von der schōnheit, die sie von dem wāren sunnen
hānt. Und als vil diu sunne liehter und gelpfer ist, danne wir
dā sehen, rehte als vil diu liehtes und glastes über alle sterne
hāt, die an dem himel stēnt: als vil hāt der wāre sunne in himel-
35 rīche schīnes und glastes mēr über alle engele und ist geschœnet

und gewirdet an allen ēren, alse billich ist. Und dā von sint sie
sælic, die ein reinez herze habent; wan si werdent got sehende.

II

THE SWABIAN LANTREHTBUOCH.

This work was compiled by David von Augsburg, about 1280 A.D.

HIE HEBET SICH AN DAZ LANTREHTBUOCH.

Herre got, himelischer vater, durch dīne milte güete geschüefe
du den menschen in drīvaltiger werdikeit. Diu ērste, daz er 5
nāch dir gebildet ist. Daz ist ouch ein alsō hōhiu werdikeit, der
dir allez menschlich künne sunderlīchen immer danken sol.
Wan des haben wir gar michel reht, vil lieber herre, himelischer
vater, sīt du uns zuo dīner hōhen gotheit alsō werdiclīchen
geedelt hāst. Diu ander werdikeit, dā du, herre got, almähtic 10
schepfer, den menschen zuo geschaffen hāst, daz ist diu, daz du
alle dise werelt, die sunnen unde den mānen, die sterne unde
diu vier element, viur, wazzer, luft unde die erden, die vogel in
den lüften, die vische in dem wāge, diu tier in dem walde, die
würme in der erden, golt unde edel gesteine, der edeln würze 15
süezen smac, der bluomen liehte varwe, der boume fruht unde
ēt alle crēatūre: daz hāst du, herre, allez dem menschen ze
nutze unde ze dienste geschaffen durch die triuwe unde durch
die minne, die du ze dem menschen hetest. Diu dritte werdi-
keit, dā du, herre, den menschen mit gewirdet unde geedelt hāst, 20
daz ist diu, daz der mensche die wirde unde die ēre, die vreude
unde die wünne immer mit dir ēwiclīchen niezen sol. Der
werelde dienst unde nuz hāst du, herre, dem menschen umbe
sust gegeben ze einer manunge unde ze einem vorbilde. Sīt
des sō vil ist, des du, herre, dem menschen umbe sust gegeben 25
hāst, dā bī sol der mensche nu trahten, sō mege des wol gar
übermæziclīchen vil sīn, des du dem menschen umbe sīnen

dienst geben wilt. Unde dar umbe sol ein iegelīch mensche got dienen mit ganzen triuwen ; wan der lōn ist alsō übermæʒiclīchen grōʒ, daʒ in herzen sin nie betrahten möhte noch menschen zunge nie gesprechen möhte, noch ougen sehen kunde in nie
5 beliuhten, noch ōre nie gehœren. Daʒ wir nu got der hōhen werdikeit gedanken unde den grōʒen lōn verdienen, des helfe uns der almähtige got. āmen.

Sīt uns got in sō hōher werdikeit geschaffen hāt, sō wil er ouch, daʒ wir werdeʒ leben haben, unde daʒ wir einander wirde
10 unde ēre erbieten, triuwe unde wārheit, niht haʒ unde nīt einander tragen. Wir sullen mit fride unde mit suone under einander leben. Fridlich leben hāt unser herre got liep. Wan er kom von himelrīche ūf erderīche durch anders niht wan durch den rehten fride, daʒ er uns einen rehten fride schüefe vor der ēwigen
15 marter, ob wir selben wellen. Unde dā von sungen die engel ob der krippen : ' *Gloria in excelsis deo et in terra pax hominibus bonae voluntatis* '—' Gots ēre in dem himel unde guot fride ūf der erden allen den, die guoten willen habent ūf erderīche ! ' Dō unser herre got hie ūf erderīche gie, sō was daʒ ie sīn ellich
20 wort : '*Pax vobis !* ' daʒ sprichet : ' der fride sī mit iu ! ' unde alsō sprach er alle zīt zuo sīnen jungern unde zuo andern liuten. Unde dā bī suln wir merken, wie rehte liep der almehtige got den rehten vride hāt. Wan dō er von erderīche wider ūf zuo himel fuor, dō sprach er aber zuo sīnen jungern : ' der
25 vride sī mit iu !' unde enphalh dem guoten Sant Pēter, daʒ er phleger wære über den rehten fride, unde gap im den gewalt, daʒ er den himel ūf slüʒʒe allen den, die den fride hielten, unde swer den fride bræche, daʒ er dem den himel vor beslüʒʒe. Daʒ ist alsō gesprochen : ēt alle, die diu gebot unsers herren zebre-
30 chent, die habent ouch den rehten fride gebrochen. Daʒ ist ouch von gote reht, swer diu gebot unsers herren zebrichet, daʒ man dem den himel vor besliuʒet, sīt uns got nu geholfen hāt, daʒ wir mit rehtem leben unde mit fridlīchem leben daʒ himel- rīch verdienen mügen. Wan daʒ was niht vor gotes geburt,
35 swie wol der mensche tæt in aller der werelde, sō mohte er doch

ze dem himelrīch niht komen. Got geschuof des ērsten himel unde erden, dar nāch den menschen unde sazte in in daz paradys. Der zebrach die gehōrsam uns allen ze schaden; dar umbe gienge wir irre sam diu hirtelōsen schāf, daz wir in daz himelrīch niht mohten, unz an die zīt, daz uns got den wec dar 5 wīste mit sīner marter, unde dar umbe solde wir got immer loben unde ēren von allem unserm herzen unde von aller unserre sēle unde von aller unserre maht, daz wir nu sō wol ze den ēwigen freuden kæmen, ob wir wolden; daz hie vor manigen heiligen patriarken unde prophēten tiure was. Diu genāde unde diu 10 sælikeit ist uns kristen liuten nu widervaren, daz wir nu wol daz himelrīch mugen verdienen. Unde swer des niht entuot unde diu gebot unsers herren zebrichet, daz richet er billīchen an im.

Von vrīen liuten.

Wir zelen drīer hande vrīen. Der heizent eine sempervrīen: 15 daz sint die vrīen herren, als fürsten unde die ander frīen ze man hānt. Sō heizent die andern miter vrīen: daz sint die, die der hōhen vrīen man sint. Die driten vrīen daz sint die vrīen lantsæzen, die gebūren, die dā vrī sint. Der hāt ieglīcher sīn sunder reht, als wir her nāch wol bescheiden. 20

Von tiutscher liute ēren.

Die tiutschen kiesent den künic: daz erwarb in der künic Karl. Swenne er gewīhet wirt unt ūf den stuol ze Ache gesetzet wirt mit der willen, die in erwelt hānt, sō hāt er küniclīchen gewalt unde namen.—Den künic kiuset man ze rihter umbe 25 eigen unde umbe lēhen unde über ieglīches menschen līp unde umbe allez, daz vür in ze klagen kumet. Der keiser mac in allen landen niht gesīn, unde mac allez ungerihte niht verrihten. Dā von lihet er den fürsten unde andern herren wereltlīch gerihte. An die vierten hant mac dehein gerihte 30 nimmer komen mit rehte, dā man umbe menschenbluot rihten sol ode umbe alle vrevel.

III

HARTMAN VON OUWE.

He was born somewhere between 1160–1170, in the neighbourhood of Rottenburg in Swabia, and died about 1220.

The following extract is taken from Paul's edition : Der Arme Heinrich, Halle, 1882.

```
      Ein ritter sō gelēret was
      daʒ er an den buochen las
      swaʒ er dar an geschriben vant.
      der was Hartman genant,
      dienstman was er ze Ouwe.            5
      er nam im mange schouwe
      an mislīchen buochen:
      dar an begunde er suochen
      ob er iht des funde
      dā mite er swære stunde              10
      möhte senfter machen,
      und von sō gewanten sachen
      daʒ gotes ēren töhte
      und dā mite er sich möhte
      gelieben den liuten.                 15
      nu beginnet er iu diuten
      ein rede die er geschriben vant.
      dar umbe hāt er sich genant,
      daʒ er sīner arbeit
      die er dar an hāt geleit             20
      iht āne lōn belībe,
      und swer nāch sīnem lībe
      sī hœre sagen oder lese,
      daʒ er im bittende wese
      der sēle heiles hin ze gote.         25
      man seit, er sī sīn selbes bote
```

unde erlœse sich dā mite,
swer über des andern schulde bite.
  Er las ditze mære,
wie ein herre wære   30
ze Swāben gesezzen:
an dem enwas vergezzen
deheiner der tugende
die ein ritter in sīner jugende
ze vollem lobe haben sol.   35
man sprach dō niemen alsō wol
in allen den landen.
er hete ze sīnen handen
geburt und dar zuo rīcheit:
ouch was sīn tugent vil breit.   40
swie ganz sīn habe wære,
sīn geburt unwandelbære
und wol den fürsten gelīch,
doch was er unnāch alsō rīch
der gebürte und des guotes   45
sō der ēren und des muotes.
  Sīn name der was erkennelich,
und hiez der herre Heinrich,
und was von Ouwe geborn.
sīn herze hāte versworn   50
valsch und alle törperheit,
und behielt ouch vaste den eit
stæte unz an sīn ende.
ān alle missewende
stuont sīn ēre und sīn leben.   55
im was der rehte wunsch gegeben
ze werltlīchen ēren:
die kunde er wol gemēren
mit aller hande reiner tugent.
er was ein bluome der jugent,   60
der werlte fröude ein spiegelglas.

stæter triuwe ein adamas,
ein ganziu krōne der zuht.
er was der nōthaften fluht,
ein schilt sīner māge, 65
der milte ein glīchiu wāge:
im enwart über noch gebrast.
er truoc den arbeitsamen last
der ēren über rücke.
er was des rātes brücke, 70
und sanc vil wol von minnen.
alsus kund er gewinnen
der werlte lop unde prīs.
er was hübesch und dar zuo wīs.
Dō der herre Heinrich 75
alsō geniete sich
ēren unde guotes
und frœlīches muotes
und werltlīcher wünne
(er was für al sīn künne 80
geprīset unde geēret),
sīn hōher muot wart verkēret
in ein leben gar geneiget.
an im wart erzeiget,
also ouch an Absolōne, 85
daʒ diu üppige krōne
werltlīcher süeʒe
vellet under füeʒe
ab ir besten werdekeit,
als uns diu schrift hāt geseit. 90
eʒ spricht an einer stete dā,
'mēdiā vītā
in morte sumus':
daʒ bediutet sich alsus,
daʒ wir in dem tōde sweben 95
sō wir aller beste wænen leben.

Hartman von Ouwe

Dirre werlte veste,
ir stæte, unde ir beste
unde ir grœste magenkraft,
diu stāt āne meisterschaft.   100
des muge wir an der kerzen sehen
ein wārez bilde geschehen,
daz sī zeiner aschen wirt
enmitten dō sī lieht birt.
wir sīn von brœden sachen.   105
nū sehent wie unser lachen
mit weinen erlischet.
unser süeze ist vermischet
mit bitterre gallen.
unser bluome der muoz vallen   110
so er allergrüenest wænet sīn.
an hern Heinrīche wart wol schīn,
der in dem hœhsten werde
lebet ūf dirre erde,
derst der versmæhete vor gote.   115
er viel von sīme gebote
ab sīner besten werdekeit
in ein versmæhelīchez leit:
in ergreif diu miselsuht.
dō man die swæren gotes zuht   120
gesach an sīnem lībe,
manne unde wībe
wart er dō widerzæme.
nū sehent wie genæme
er ē der werlte wære,   125
und wart nū alse unmære
daz in niemen gerne an sach:
alse ouch Jōbe geschach,
dem edeln und dem rīchen,
der ouch vil jæmerlīchen   130
dem miste wart ze teile

mitten in sīme heile.
Und dō der arme Heinrich
alrēst verstuont sich
daz er der werlte widerstuont, 135
als alle sīne gelīchen tuont,
dō schiet in sīn bitter leit
von Jōbes gedultikeit.
wan ez leit Jōb der guote
mit gedultigem muote, 140
do ez ime ze līdenne geschach,
durch der sēle gemach.
den siechtuom und die smācheit
die er von der werlte leit,
des lobet er got und fröute sich. 145
dō tet der arme Heinrich
leider niender alsō:
wan er was trūrec unde unfrō.
sin swebendez herze daz verswanc,
sīn swimmendiu fröude ertranc, 150
sīn hōchvart muoste vallen,
sīn honic wart ze gallen,
ein swinde vinster donreslac
zerbrach im sīnen mitten tac,
ein trüebez wolken unde dic 155
bedaht' im sīner sunnen blic.
er sente sich vil sēre
daz er sō manege ēre
hinder im müeste lāzen.
verfluochet und verwāzen 160
wart vil ofte der tac
dā sīn geburt ane lac.
  Ein wēnic fröuwet er sich doch
von eime trōste dannoch:
wan im wart dicke geseit 165
daz disiu selbe siecheit

wære vil mislich
und etelīchiu gnislich.
des wart vil maneger slahte
sīn gedinge und sīn ahte. 170
er gedāhte daz er wære
vil līhte genisbære,
und fuor alsō drāte
nāch der arzāte rāte
gegen Munpasiliere. 175
dā vant er vil schiere
niht wan den untrōst
daz er niemer würde erlōst.
 Daz hōrte er vil ungerne,
und fuor gegen Sālerne 180
und suochte ouch dā durch genist
der wīsen arzāte list.
den besten meister er dā vant.
der seite ime zehant
ein seltsæne mære, 185
daz er genislich wære
und wære doch iemer ungenesen.
dō sprach er 'wie mac daz wesen?
diu rede ist harte unmügelich.
bin ich gnislich, sō genise ich: 190
und swaz mir für wirt geleit
von guote oder von arbeit,
daz trūwe ich vollebringen.'
'nū lāt daz gedingen'
sprach der meister aber dō: 195
' iuwerre sūhte ist alsō
(waz frumet daz ichz iu kunt tuo?):
dā hœret arzenīe zuo:
des wæret ir genislīch.
nu enist ab nieman sō rīch 200
noch von sō starken sinnen

der sī müge gewinnen.
des sint ir iemer ungenesen,
got enwelle der arzāt wesen.'
   Dō sprach der arme Heinrich 205
'war umbe untrœstent ir mich?
jā hān ich guotes wol die kraft:
ir enwellent iuwer meisterschaft
und iuwer reht ouch brechen
und dar zuo versprechen 210
beidiu mīn silber und mīn golt,
ich mache iuch mir alsō holt
daz ir mich harte gerne ernert.'
'mir wære der wille unrewert'
sprach der meister aber dō: 215
'und wære der arzenīe alsō
daz man sī veile funde
oder daz man sī kunde
mit deheinen dingen erwerben,
ich enlieze iuch niht verderben. 220
nu enmac des leider niht sīn:
dā von muoz iu diu helfe mīn
durch alle nōt sīn versaget.
ir müesent haben eine maget
diu vollen ērbære 225
und ouch des willen wære
daz sī den tōt durch iuch lite.
nu enist ez niht der liute site
daz ez iemen gerne tuo.
sō hœrt ouch anders niht dar zuo 230
niwan der megede herzen bluot:
daz wære für iuwer suht guot.'
   Nu erkante der arme Heinrich
daz daz wære unmügelich
daz iemen den erwürbe 235
der gerne für in stürbe.

alsus was im der trōst benomen
ūf den er dar was komen,
und dar nāch für die selben frist
hāt er ze sīner genist 240
dehein gedinge mēre.
des wart sīn herzesēre
alsō kreftic unde grōz
daz in des aller meist verdrōz,
ob er langer solte leben. 245
nū fuor er heim und begunde geben
sīn erbe und ouch sīn varnde guot,
als in dō sīn selbes muot
und wīser rāt lērte,
da erz aller beste bekērte. 250
er begunde bescheidenlīchen
sīn armen friunde rīchen
und trōste ouch frömde armen,
daz sich got erbarmen
geruochte über der sēle heil: 255
gotes hiusern viel daz ander teil.
alsus sō tet er sich abe
bescheidenlīchen sīner habe
unz an ein geriute:
dar flōch er die liute. 260
disiu jæmerlīche geschiht
diu was sīn eines klage niht:
in klageten elliu diu lant
dā er inne was erkant,
und ouch von vrömden landen 265
die in nāch sage erkanden.
   Der ē ditz geriute
und der ez dannoch biute,
daz was ein frīer būman
der vil selten ie gewan 270
dehein grōz ungemach,

daz andern gebüren doch geschach,
die wirs geherret wāren,
und sī die niht verbāren
beidiu mit stiure und mit bete. 275
swaz dirre gebūre gerne tete,
des dūhte sīnen herren gnuoc:
dar zuo er in übertruoc
daz er dehein arbeit
von frömdem gewalte leit. 280
des was deheiner sīn gelīch
in dem lande alsō rīch.
zuo deme zōch sich
sīn herre, der arme Heinrich.
swaz er in het ē gespart, 285
wie wol daz nū gedienet wart
und wie schōne er sīn genōz!
wan in vil lützel des verdrōz
swaz im geschach durch in.
er hete die triuwe und ouch den sin 290
daz er vil willeclīche leit
den kumber und die arbeit
diu ime ze līdenne geschach.
er schuof ime rīch gemach.
Got hete dem meiger gegeben 295
nāch sīner ahte ein reinez leben.
er hete ein wol erbeiten līp
und ein wol werbendez wīp,
dar zuo het er schœniu kint,
diu gar des mannes fröude sint, 300
unde hete, sō man saget,
under den kinden eine maget,
ein kint von ahte jāren:
daz kunde wol gebāren
sō rehte güetlīchen: 305
sī wolte nie entwīchen

von ir herren einen fuoʒ:
umb sīne hulde und sīnen gruoʒ
sō diente si ime alle wege
mit ir güetlīchen pflege.   310
sī was ouch sō genæme
daʒ sī wol gezæme
ze kinde deme rīche
an ir wætlīche.
Die andern heten den sin   315
daʒ sī ze rehter māʒe in
wol gemīden kunden:
sō flōch sī zallen stunden
zuo ime und niender anders war.
sī was sīn kurzewīle gar.   320
sī hete gar ir gemüete
mit reiner kindes güete
an ir herren gewant,
daʒ man sī zallen zīten vant
under ir herren fuoʒe.   325
mit süeʒer unmuoʒe
wonte sī ir herren bī.
dar zuo sō liebte er ouch sī
swā mite sō er mohte,
und daʒ der meide tohte   330
zuo ir kintlīchen spil,
des gab der herre ir vil.
ouch half in sēre daʒ diu kint
sō līhte ze gewenenne sint.
er gewan ir swaʒ er veile vant,   335
spiegel unde hārbant,
gürtel unde vingerlīn
und swaʒ kinden liep solte sīn.
mit dienste brāhte er s' ūf die vart
daʒ sī im alsō heimlich wart   340
daʒ er sī sīn gemahele hieʒ.

diu guote maget in liez
belīben selten eine:
er dūhte sī vil reine.
swie starke ir daz geriete 345
diu kindische miete,
iedoch geliebte irz aller meist
von gotes gebe ein süezer geist.
  Ir dienst war sō güetlich.
dō dō der arme Heinrich 350
driu jār dā getwelte
unde im got gequelte
mit grōzem jāmer den līp,
nū saz der meier und sīn wīp
unde ir tohter, diu maget 355
von der ich iu ē hān gesaget,
bī im in ir unmüezekeit
und begunden klagen ir herren leit.
diu klage tet in michel nōt:
wan sī vorhten daz sīn tot 360
sī sēre solte letzen
und vil gar entsetzen
ēren unde guotes
und daz herters muotes
würde ein ander herre. 365
si gedāhten alsō verre
unz dirre selbe būman
alsus frāgen began.
  Er sprach 'lieber herre mīn,
möht ez mit iuwern hulden sīn, 370
ich frāgte vil gerne.
sō vil ze Sālerne
von arzenīen meister ist,
wie kumet daz ir deheines list
ze iuwerme ungesunde 375
niht gerāten kunde?

herre, des wundert mich.'
dō holte der arme Heinrich
tiefen sūft von herzen
mit bitterlīchem smerzen: 380
mit solher riuwe er dō sprach
daz ime der sūft daz wort zerbrach.
'Ich hān disen schemelīchen spot
vil wol gedienet umbe got.
wan dū sæhe wol hie vor 385
daz hōh offen stuont mīn tor
nāch werltlīcher wünne
und daz niemen in sīnem künne
sīnen willen baz hete dan ich:
und was daz doch unmügelich, 390
wan ich enhete niht gar.
dō nam ich sīn vil kleine war
der mir daz selbe wunschleben
von sīnen gnāden hete gegeben.
daz herze mir dō alsō stuont 395
als alle werlttōren tuont,
den daz saget ir muot
daz sī ēre unde guot
āne got mügen hān.
sus troug ouch mich mīn tumber wān, 400
wan ich in lützel ane sach
von des genāden mir geschach
vil ēren unde guotes.
dō dō des hōhen muotes
den hōhen portenære bedrōz, 405
die sælden porte er mir beslōz.
dane kum ich leider niemer in:
daz verworhte mir mīn tumber sin.
got hāt durch rāche an mich geleit
ein sus gewante siecheit 410
die niemen mag erlœsen,

nū versmæhent mich die bœsen,
die biderben ruochent mīn niht.
swie bœse er ist der mich gesiht,
des bœser muoʒ ich dannoch sīn. 415
sīn unwert tuot er mir schīn:
er wirfęt diu ougen abe mir.
nū schīnet ērste an dir
dīn triuwe die dū hāst,
daʒ dū mich siechen bī dir lāst 420
und von mir niht enfliuhest.
swie dū mich niht enschiuhest,
swie ich niemen liep sī danne dir,
swie vil dīns heiles stē an mir,
du vertrüegest doch wol mīnen tōt. 425
nū wes unwert und wes nōt
wart ie zer werlte merre?
hie vor was ich dīn herre
und bin dīn dürftige nū.
mīn lieber friunt, nu koufest dū 430
und mīn gemahele und dīn wīp
an mir den ēwigen līp
daʒ dū mich siechen bī dir lāst.
des dū mich gefrāget hāst,
daʒ sage ich dir vil gerne. 435
ichn kunde ze Sālerne
einen meister niender vinden
der sich mīn underwinden
getörste oder wolte.
wan dā mite ich solte 440
mīner sühte genesen,
daʒ müeste ein solhiu sache wesen
die in der werlte nieman
mit nihte gewinnen kan.
mir wart niht anders dā gesaget 445
wan ich müeste haben eine maget

Hartman von Ouwe

diu vollen manbære
und ouch des willen wære
daʒ sī den tōt durch mich lite
und man sī zuo dem herzen snite, 450
und mir wære niht anders guot
wan von ir herzen daʒ bluot.
nū ist genuoc unmügelich
daʒ ir deheiniu durch mich
gerne līde den tōt. 455
des muoʒ ich schemelīche nōt
tragen unz an mīn ende.
daʒ mirʒ got schiere sende!'
Daʒ er dem vater hete gesagt,
daʒ erhōrte ouch diu reine magt: 460
wan eʒ hete diu vil süeʒe
ir lieben herren füeʒe
stānde in ir schōʒen,
man möhte wol genōʒen
ir kintlīch gemüete 465
hin ze der engel güete.
sīner rede nam sī war
unde marhte sī ouch gar:
sī enkam von ir herzen nie
unz man des nahtes slāfen gie. 470
dō sī zir vater füeʒen lac
und ouch ir muoter, sō sī pflac,
und sī beide entsliefen,
manegen sūft tiefen
holte sī von herzen. 475
umbe ir herren smerzen
wart ir riuwe alsō grōʒ
daʒ ir ougen regen begōʒ
der slāfenden füeʒe,
sus erwahte sī diu süeʒe. 480
Dō sī der trehene enpfunden,

sī erwachten und begunden
sī frāgen waz ir wære
und welher hande swære
sī alsō stille möhte klagen.   485
nu enwolte sī es in niht sagen,
wan daz ir vater aber tete
vil manege drō unde bete
daz sī ez ime wolte sagen.
sī sprach 'ir möhtent mit mir klagen.   490
waz möhte uns mē gewerren
danne umb unsern herren,
daz wir den suln verliesen
und mit ime verkiesen
beide guot und ēre?   495
wir gewinnen niemer mēre
deheinen herren alsō guot
der uns tuo daz er uns tuot.'
 Sī sprāchen 'tohter, dū hāst wār.
nū frumet uns leider niht ein hār   500
unser riuwe und dīn klage:
liebez kint, dā von gedage.
ez ist uns alsō leit sō dir.
leider nū enmuge wir
ime ze keinen staten komen.   505
got der hāt in uns benomen:
het ez iemen anders getān,
der müese unsern fluoch hān.'
 Alsus gesweigeten sī sī dō.
die naht beleip sī unfrō   510
und morne allen den tac.
swes iemen anders pflac,
diz enkam von ir herzen nie
unz man des andern nahtes gie
slāfen nāch gewonheit.   515
dō sī sich hete geleit

an ir alte bettestat,
sī bereite aber ein bat
mit weinenden ougen:
wan sī truoc tougen 520
nāhe in ir gemüete
die aller meisten güete
die ich von kinde ie vernam.
welch kint getete ouch ie alsam?
des einen sī sich gar verwac, 525
gelebetẹ sī morne den tac,
daz sī benamen ir leben
umbe ir herren wolte geben.
  Von dem gedanke wart sī dō
vil ringes muotes unde frō, 530
und hete deheine sorge mē,
wan ein vorhtẹ diu tete ir wē,
sō siz ir herren sagte,
daz er dar an verzagte,
und swenne siz in allen drīn 535
getæte kunt, daz sī an in
der gehenge niht enfunde
daz mans ir iht gunde.
  Des wart sō grōz ir ungehabe
daz ir muoter dar abe 540
unde ir vater wart erwaht
als ouch an der vordern naht.
sī rihten sich ūf zuo ir
und sprāchen 'sich, waz wirret dir?
dū bist vil alwære 545
daz du dich sō manege swære
von solher klage hāst an genomen
der niemen mac zeim ende komen.
war umbẹ lāstu uns niht slāfen?'
sus begunden sī sī strāfen. 550
waz ir diu klage töhte,

die niemen doch enmöhte
verenden noch gebüezen?
sus wänden sī die süezen
gesweigen an der selben stunt: 555
dō was ir wille in vil unkunt.
  Sus antwurte in diu maget.
'als uns mīn herre hāt gesaget,
sō mac man in vil wol ernern.
zewāre, ir welt mirz danne wern, 560
sō bin ich ze der arzenīe guot.
ich bin ein maget und hān den muot,
ē ich in sihe verderben,
ich wil ē für in sterben.'
  Von dirre rede wurden dō 565
trūric unde unfrō
beide muoter unde vater.
sīne tohter die bat er
daz sī die rede lieze
und ir herren gehieze 570
daz sī geleisten möhte,
wand ir diz niht entöhte.
  Er sprach 'tohter, dū bist ein kint
und dīne triuwe die sint
ze grōz an disen dingen. 575
du enmaht es niht für bringen
als dū uns hie hāst verjehen.
dū hāst des tōdes niht gesehen.
·swenn ez dir kumet ūf die frist
daz des dehein rāt ist, 580
dū enmüezest sterben,
und möhtest dūz erwerben,
dū lebetest gerner dannoch:
wan dun kæme nie in leider loch.
dā von tuo zuo dīnen munt: 585
und wirstū für dise stunt

der rede iemer mēre lūt,
ez gāt dir ūf dīne hūt.'
  Alsus sō wānde er sī dō
bēdiu mit bete und mit drō 590
gesweigen: dō enmohter.
sus antwurt ime sīn tohter.
  'Vater mīn, swie tump ich sī,
mir wonet iedoch diu witze bī
daz ich von sage wol die nōt 595
erkenne daz des lībes tōt
ist starc unde strenge.
swer ouch danne die lenge
mit arbeiten leben sol,
dem ist iedoch niht ze wol. 600
wan swenne er hie geringet
und ūf sīn alter bringet
den līp mit michelre nōt,
sō muoz er līden doch den tōt.
ist ime diu sēle danne verlorn, 605
sō wære er bezzer ungeborn.
ez ist mir komen ūf daz zil,
des ich got iemer loben wil,
daz ich den jungen līp mac geben
umbe daz ēwige leben. 610
nū sult ir mirz niht leiden.
ich wil mir unde iu beiden
vil harte wol mite varn.
ich mag iuch eine wol bewarn
vor schaden und vor leide, 615
als ich iu nū bescheide.
ir hānt ēre unde guot:
daz meinet mīnes herren muot,
wan er iu leit nie gesprach
und ouch daz guot nie abe gebrach. 620
die wīle daz er leben sol

sō stēt iuwer sache wol:
und lāze wir den sterben,
sō müezen wir verderben.
den wil ich uns fristen 625
mit alsō schœnen listen
dā mite wir alle sīn genesen.
nū gunnet mirs, wan ez muoz wesen.'
　Diu muoter weinende sprach,
dō sī der tohter ernst ersach, 630
'gedenke, tohter, liebez kint,
wie grōz die arbeite sint
die ich durch dich erliten hān,
und lā mich bezzern lōn enpfān
dan ich dich hœre sprechen. 635
dū wilt mīn herze brechen.
senfte mir der rede ein teil.
jā wiltū allez dīn heil
an uns verwürken wider got.
wan gedenkest dū an sīn gebot? 640
jā gebōt er unde bat er
daz man muoter unde vater
minne und ēre biete,
und geheizet daz ze miete
daz der sēle rāt werde 645
und lanclīp ūf der erde.
dū gihst, dū wellest dīn leben
umb unser beider fröude geben:
dū wilt uns beiden
daz leben vaste leiden. 650
daz dīn vater unde ich
gerne leben, daz ist durch dich.
waz solte uns līp unde guot, a
waz solte uns werltlich muot, b
swenne wir dīn enbæren? c
dune . . . . . . d

jā soltū, liebiu tohter mīn,
unser beider fröude sīn,
gar unsers lībes wünne, 655
ein bluome in dīme künne,
unsers alters ein stap.
und lāstū uns über dīn grap
gestēn von dīnen schulden,
dū muost von gotes hulden 660
iemer sīn gescheiden:
daʒ koufest an uns beiden.'
'wiltu uns tohter wesen guot, a
sō soltū rede und den muot b
durch unsers herren hulde lān, · c
die ich von dir vernomen hān.' d
Si sprach 'muoter, ich getrūwe dir
und mīnem vater her ze mir
aller der genāden wol 665
der vater unde muoter sol
leisten ir kinde,
als ich eʒ wol bevinde
an iu allertegelich.
von iuwern gnāden hān ich 670
die sēle und einen schœnen līp.
mich lobet man unde wīp,
und alle die mich sehende sint,
ich sī daʒ schœneste kint
daʒ sī zir lebene haben gesehen. 675
wem solt ich der genāden jehen
niuwan iu zwein nāch gote?
des sol ich ze iuwerm gebote
iemer vil gerne stān:
wie michel reht ich des hān! 680
muoter, sæligeʒ wīp,
sīt ich nū sēle unde līp
von iuwern genāden hān,

sō lāntz an iuwern hulden stān
daz ich ouch die beide 685
von dem tiuvel scheide
und mich gote müeze geben.
jā ist dirre werlte leben
niuwan der sēle verlust.
ouch hāt mich werltlīch gelust 690
unz her noch niht berüeret,
der hin zer helle füeret.
nū wil ich gote genāde sagen
daz er in mīnen jungen tagen
mir die sinne hāt gegeben 695
daz ich ūf diz brœde leben
ahte harte kleine.
ich wil mich alsus reine
antwürten in gotes gewalt.
ich fürhte, solt ich werden alt, 700
daz mich der werlte süeze
zuhte under füeze,
als sī vil manegen hāt gezogen
den ouch ir süeze hāt betrogen:
sō würde ich līhte gote entsaget. 705
gote müeze ez sīn geklaget
daz ich unz morne leben sol:
mir behaget diu werlt niht sō wol.
ir meiste liep ist herzeleit
(daz sī iu für wār geseit), 710
ir süezer lōn ein bitter nōt,
ir lancleben ein gæher tōt.
wir hān niht gewisses mē
wan hiute wol und morne wē
und ie ze jungest der tōt. 715
daz ist ein jæmerlīchiu nōt.
ez enschirmet geburt noch guot,
schœne, sterke, hōher muot,

ez enfrumt tugent noch ēre
für den tōt niht mēre 720
dann ungeburt und untugent.
unser leben und unser jugent
ist ein nebel unde ein stoup,
unser stæte bibent als ein loup.
er ist ein vil verschaffen gouch 725
der gerne in sich vazzt den rouch,
ez sī wīp oder man,
der diz niht wol bedenken kan
und ouch der werlt nāch volgende ist.
wan uns ist über den fūlen mist 730
der pfeller hie gespreitet:
swen nū der blic verleitet,
der ist zuo der helle geborn
unde enhāt niht mē verlorn
wan beidiu sēle unde līp. 735
nu gedenkent, sæligez wīp,
müeterlīcher triuwe
und senftent iuwer riuwe
die ir dā habent umbe mich:
so bedenket ouch der vater sich. 740
ich weiz wol daz er mir heiles gan.
er ist ein alsō biderber man
daz er erkennet wol daz ir
unlange doch mit mir
iuwer fröude mügent hān, 745
ob ich joch lebende bestān.
belībe ich āne man bī iu
zwei jār oder driu,
sō ist mīn herre līhte tōt,
und kument in sō grōze nōt 750
vil līhte von armuot
daz ir mir alsolhez guot
zeinem man niht mugent geben,

ich enmüeze alse swache leben
daz ich iu lieber wære tōt.
nu verswīge wir aber der nōt, 755
daz uns niht enwerre
und uns mīn lieber herre
were und alsō lange lebe
unz daz man mich zeim manne gebe 760
der rīche sī unde wert:
sō ist geschehen des ir dā gert
und wænent mir sī wol geschehen.
anders hāt mir mīn muot verjehen.
wirt er mir liep, daz ist ein nōt: 765
wirt er mir leit, daz ist der tōt.
wan sō hān ich iemer leit
und bin mit ganzer arbeit
gescheiden von gemache
mit maneger hande sache 770
diu den wīben wirret
und sī ze fröuden irret.
nū setzt mich in den vollen rāt
der dā niemer zergāt.
mīn gert ein frīer būman 775
dem ich wol mīnes lības gan.
zwāre, dem sult ir mich geben,
sō ist geschaffet wol mīn leben.
im gēt sīn pfluoc harte wol,
sīn hof ist alles rātes vol, 780
da enstirbet ros noch daz rint,
da enmüent diu weinenden kint,
da enist ze heiz noch ze kalt,
dā wirt von jāren niemen alt,
der alte wirt junger, 785
da enist frost noch hunger,
da enist deheiner slahte leit,
da ist ganziu fröude ān arbeit.

ze dem wil ich mich ziehen
und solhen bū fliehen
den daz fiur und der hagel sleht
und der wāc abe tweht,
mit dem man ringet unde ie ranc.
swaz man daz jār alse lanc
dar ūf gearbeiten mac,
daz verliuset schiere ein halber tac.
den bū den wil ich lāzen:
er sī von mir verwāzen.
ir minnent mich: deist billich.
nū sihe ich gerne daz mich
iuwer minne iht unminne.
ob ir iuch rehter sinne
an mir verstān kunnent
und ob ir mir gunnent
beide guotes unde ēren,
sō lāzet mich kēren
ze unserm herren Jēsū Krist,
des gnāde alsō stæte ist
daz sī niemer zergāt,
unde ouch zuo mir armen hāt
alsō grōze minne
als zeiner küniginne.
ich sol von mīnen schulden
ūz iuwern hulden
niemer komen, wil ez got.
ez ist gewisse sīn gebot
daz ich iu sī undertān,
wan ich den līp von iu hān:
daz leist ich āne riuwe.
ouch sol ich mīne triuwe
an mir selber niht brechen.
ich hōrte ie daz sprechen,
swer den andern fröuwet sō

daz er selbe wirt unfrō,
und swer den andern krœnet 825
und sich selben hœnet,
der triuwen sī ze vil.
wie gerne ich iu des volgen wil
daz ich iu triuwe leiste,
mir selber doch die meiste. 830
welt ir mir wenden mīn heil,
sō lāz ich iuch ein teil
ē nāch mir geweinen,
ich enwelle mir erscheinen
wes ich mir selber schuldic bin. 835
ich wil iemer dā hin
da ich volle fröude vinde.
ir hānt doch mē kinde:
diu lānt iuwer fröude sīn
und getrœstent ir iuch mīn. 840
wan mir mac daz nieman erwern,
zwāre, ich enwelle ernern
mīnen herren unde mich.
muoter, jā hōrte ich dich
klagen unde sprechen ē, 845
ez tæte dīme herzen wē,
soltest dū ob mīme grabe stān.
des wirst dū harte wol erlān:
dū stāst ob mīme grabe niht.
wan dā der tōt geschiht, 850
daz enlāt dich niemen sehen:
ez sol ze Sālerne geschehen.
dā sol uns viere der tōt a
lœsen von aller slahte nōt. b
des tōdes des genese wir,
und ich doch verre baz dan ir.'
  Dō sī daz kint dō sāhen 855
ze dem tōde sō gāhen,

und ez sō wīslīchen sprach
unde menschlich reht zerbrach,
si begunden ahten under in
daz die wīsheit und den sin 860
niemer erzeigen kunde
dehein zunge in kindes munde.
sī jāhen daz der heiliggeist
der rede wære ir volleist,
der ouch sante Niklauses pflac 865
dō er in der wagen lac
und in die wīsheit lērte
daz er ze gote kērte
sīne kintlīche güete:
und bedāhten sich in ir gemüete 870
daz sī niht enwolden
sī wenden noch ensolden
des sī sich hete an genomen:
der wille sī ir von gote komen.
von jāmer erkalte in der līp, 875
dō der meiger und sīn wīp
an dem bette sāzen
und vil gar vergāzen
durch des kindes minne
der zungen und der sinne 880
sā ze der selben stunde.
ir enwederz enkunde
einic wort gesprechen.
daz gegihte begunde brechen
die muoter von leide. 885
sus gesāzen sī beide
riuwic unde unfrō
unz sī sich bedāhten dō
waz in ir trūren töhte:
sō man ir doch niht enmöhte 890
benemen ir willen unde ir muot,

so enwære in niht alsō guot
sō daz sī irs wol gunden,
wan sī doch niht enkunden
ir niemer werden āne baz; 895
enpfiengen sī der rede haz,
ez möhte in umbe ir herren
vil harte wol gewerren,
und verviengen anders niht dā mite.
mit vil willeclīchem site 900
sprāchen sī beide dō
daz sī der rede wæren frō.
　Des fröute sich diu reine maget.
dō ez vil kūme was getaget
dō gie sī dā ir herre slief. 905
sīn trūtgemahele ime rief,
sī sprach 'herre, slāfent ir?'
'nein ich, gemahele, sage mir,
wie bistū hiute alsō fruo?'
'herre, dā twinget mich derzuo 910
der jāmer iuwerr siecheit.'
er sprach 'gemahele, daz ist dir leit:
daz erzeigest du an mir wol,
als ez dir got vergelten sol.
nune mag es dehein rāt sīn.' 915
'entriuwen, lieber herre mīn,
iuwer wirt vil guot rāt.
sīt ez alsus umbe iuch stāt
daz man iu gehelfen mac,
ichn gesūme iuch niemer tac. 920
herre, ir hānt uns doch gesaget,
ob ir hetent eine maget
diu gerne den tōt durch iuch lite,
dā soltent ir genesen mite.
diu wil ich weizgot selbe sīn: 925
iuwer leben ist nützer dan daz mīn.'

Hartman von Ouwe

Dō gnādęte ir der herre
des willen harte verre.
und ervollęten im diu ougen
von jāmer alsō tougen. 930
er sprach 'gemahelę, ja ist der tōt
iedoch niht ein senftiu nōt,
als dū dir līhte hāst gedāht.
dū hāst mich des wol innen brāht,
möhtestū, dū hülfest mir. 935
des genüegęt mich wol von dir.
ich erkenne dīnen süeʒen muot:
dīn wille ist reine unde guot.
ichn sol ouch niht mē von dir gern.
dū maht mich des niht wol gewern 940
daʒ dū dā gesprochen hāst.
die triuwe die du an mir begāst,
die sol dir vergelten got.
ditz wærę der lantliute spot,
swaʒ ich mich für dise stunde 945
arzenīen underwunde,
und mich doch niht vervienge
wan als eʒ doch ergienge.
gemahele, dū tuost als diu kint
diu dā gæhes muotes sint: 950
swaʒ den kumet in den muot,
eʒ sī übel oder guot,
dar zuo ist in allen gāch,
und geriuwęt sī sēre dar nāch.
gemahele, alsō tuost ouch dū. 955
der rede ist dir ze muote nū:
der die von dir nemen wolte,
sō manʒ danne enden solte,
so geriuweʒ dich vil līhte doch.'
und daʒ sī sich ein teil noch 960
baʒ bedæhte des bat er.

er sprach 'dīn muoter und dīn vater
die enmugen dīn niht wol enbern.
ich sol ouch niht ir leides gern
die mir ie gnāde tāten. 965
swaz sī dir beide rāten,
liebẹ gemahele, daz tuo.'
hie mite lachete er dar zuo,
wan er lützel sich versach
daz doch sider dō geschach. 970
  Sus sprach er zuo der guoter.
der vater und diu muoter
sprāchen 'lieber herre,
ir hānt uns vil verre
geliebet und geēret: 975
daz enwærẹ niht wol bekēret,
wir engültenz iu mit guote.
unser tohter ist ze muote
daz sī den tōt durch iuch dol:
des gunne wir ir harte wol. 980
ez ist hiutẹ der dritte tac
daz sī uns allez ane lac
daz wir ir sīn gunden:
nū hāt sīz an uns funden.
nū lāzẹ iuch got mit ir genesen: 985
wir wellen ir durch iuch entwesen.'
  Do im sīn gemahele dō bōt
für sīnen siechtuom ir tōt
und man ir ernest ersach,
dō wart dō michel ungemach 990
und jæmerlīch gebærde.
manc mislīchiu beswærde
huop sich dō under in,
zwischẹn dem herren unde in drin.
ir vater unde ir muoter die 995
erhuoben michel weinen hie:

des weinens tet in michel nōt
umb ir vil lieben kindes tōt.
nū begunde ouch der herre
gedenken alsō verre
an des kindes triuwe,
und begreif in ein riuwe,
daz er sēre weinen began,
und zwīvelte vaste dran
weder ez bezzer getān
möhte sīn oder verlān.
von vorhten weinte ouch diu maget:
sī wānde er wære dran verzaget.
sus wārens alle unfrō.
sī gerten keines dankes dō.
 Ze jungest dō bedāhte sich
ir herre, der arme Heinrich,
und begunde sagen in
grōze gnāde allen drin
der triuwen und des guotes
(diu maget wart rīches muotes
daz ers gevolgete gerne),
und bereite sich ze Sālerne
sō er schiereste mohte.
swaz ouch der megede tohte,
daz wart vil schiere bereit:
schœniu pfert und rīchiu kleit,
diu sī getruoc nie vor der zīt:
hermīn unde samīt,
den besten zobel den man vant,
daz was der megede gewant.
 Nū wer möhte volgesagen
die herzeriuwe und daz klagen,
der muoter grimmigez leit
und ouch des vater arbeit?
ez wære wol under in beiden

ein jæmerlīchez scheiden,
dō sī ir liebez kint von in
gefrumten sō gesundez hin
niemer mē ze sehenne in den tōt,   1035
wan daz in senftet ir nōt
diu reine gotes güete,
von der doch daz gemüete
ouch dem jungen kinde quam
daz ez den tōt gerne nam.   1040
ez was āne ir rāt komen:
dā von wart von ir herzen genomen
alliu klage und swære,
wan ez anders wunder wære
daz in ir herze niht zerbrach.   1045
ze liebe wart ir ungemach,
daz sī dar nāch deheine nōt
liten umbe ir kindes tōt.

IV
WALTHER VON DER VOGELWEIDE.

The exact dates of his birth and death are unknown. His chief poems were written between the years 1187 and 1230.

The best edition of his works is: Walther von der Vogelweide, herausgegeben und erklärt von W. Wilmanns, Halle, 1883 (2nd edit.).

1.

Ir sult sprechen: 'willekomen!'
der iu mære bringet, daz bin ich.
Allez daz ir habt vernomen,
daz ist gar ein wint: nū frāget mich.
Ich wil aber miete: 5
wirt mīn lōn iht guot,
sō sage ich iu vil līhte, daz iu sanfte tuot.
seht, waz man mir ēren biete.

Ich wil tiuschen frouwen sagen
solhiu mære, daz si deste baz
 Al der werlte suln behagen:
āne grōze miete tuon ich daz.
 Waz wold' ich ze lōne?
si sint mir ze hēr;
sō bin ich gefüege und bite si nihtes mēr
wan daz si mich grüezen schōne.

Ich hān lande vil gesehen
unde nam der besten gerne war:
 Übel müeze mir geschehen,
künde ich ie mīn herze bringen dar,
 Daz im wol gevallen
wolde fremeder site.
nū waz hülfe mich, ob ich unrehte strite?
tiuschiu zuht gāt vor in allen.

Von der Elbe unz an den Rīn
und her wider unz an Ungerlant
 Mügen wol die besten sīn,
die ich in der werlte hān erkant.
 Kan ich rehte schouwen
guot gelāz und līp,
sam mir got, sō swüere ich wol, daz hie diu wīp
bezzer sint danne ander frouwen.

Tiusche man sint wol gezogen,
rehte als engel sint diu wīp getān.
 Swer si schiltet, derst betrogen:
ich enkan sīn anders niht verstān.
 Tugent und reine minne,
swer die suochen wil,
der sol komen in unser lant: da ist wünne vil:
lange müeze ich leben dar inne!

2.

Owē war sint verswunden alliu mīniu jār!
ist mir mīn leben getroumet oder ist eʒ wār?
daʒ ich ie wānde, daʒ iht wære, was daʒ iht?
dar nāch hān ich geslāfen und enweiʒ es niht.
Nū bin ich erwachet, und ist mir unbekant, 45
daʒ mir hie vor was kündic als mīn ander hant.
liut unde lant, dā ich von kinde bin erzogen,
die sint mir fremde worden, reht' als eʒ sī gelogen:
Die mīne gespilen wāren, die sint træge und alt;
bereitet ist daʒ velt, verhouwen ist der walt: 50
wan daʒ daʒ waʒʒer fliuʒet, als eʒ wīlent flōʒ,
für wār ich wānde mīn ungelücke würde grōʒ.
mich grüeʒet maneger trāge, der mich bekande ē wol.
diu werlt ist allenthalben ungenāden vol.
als ich gedenke an manegen wünneclīchen tac, 55
die sint mir enpfallen gar als in daʒ mer ein slac,
iemer mēre owē!
Owē wie jæmerlīche junge liute tuont!
den vil unriuweclīche ir gemüete stuont,
die kunnen niuwan sorgen: owē wie tuont si sō? 60
swar ich zer werlte kēre, dā ist nieman frō:
Tanzen unde singen zergāt mit sorgen gar.
nie kristenman gesach sō jæmerlīchiu jār.
nū merket, wie den frouwen ir gebende stāt;
die stolzen ritter tragent dörperlīche wāt. 65
Uns sint unsenfte brieve her von Rōme komen,
uns ist erloubet trūren und fröude gar benomen.
daʒ müet mich innerclīchen (wir lebten ē vil wol),
daʒ ich nū für mīn lachen weinen kiesen sol.
diu wilden vogellīn betrüebet unser klage: 70
waʒ wunders ist, ob ich dā von vil gar verzage?

waz spriche ich tumber man durch mīnen bœsen zorn?
swer dirre wünne volget, der hāt jene dort verlorn
iemer mēre, owē!
Owē wie uns mit süezen dingen ist vergeben! 75
ich sihe die gallen mitten in dem honege sweben.
diu werlt ist ūzen schœne, wīz, grüen' unde rōt
und innen swarzer varwe, vinster sam der tōt.
Swen si nū habe verleitet, der schouwe sīnen trōst:
er wirt mit swacher buoze grōzer sünde erlōst. 80
dar an gedenket, ritter! ez ist iuwer dinc;
ir traget die liehten helme und manegen herten rinc,
Dar zuo die vesten schilte und diu gewīhten swert.
wolte got, wær ich der sigenünfte wert,
sō wolte ich nōtic man verdienen rīchen solt. 85
joch meine ich niht die huoben noch der hērren golt:
ich wolte selbe krōne ēweclīchen tragen;
die möhte ein soldenære mit sīme sper bejagen.
möht ich die lieben reise gevaren über sē,
sō wolte ich denne singen 'wol' und niemer mēre 'owē,' 90
niemer mēre 'owē!'

3.

Dō der sumer komen was
und die bluomen durch daz gras
wünneclīche ensprungen,
aldā die vogele sungen, 95
dār kom ich gegangen
an einen anger langen,
dā ein lūter brunne entspranc;
vor dem walde was sīn ganc,
dā diu nahtegale sanc. 100

Bī dem brunnen stuont ein boum,
dā gesach ich einen troum.
ich was zuo dem brunnen
gegangen von der sunnen,

daz diu linde mære 105
den küelen schaten bære.
bī dem brunnen ich gesaz:
mīner swære ich gar vergaz,
schiere entslief ich umbe daz.

Dō bedūhte mich zehant, 110
wie mir dienten elliu lant,
wie mīn sēle wære
ze himel āne swære
und der līp hie solte
gebāren swie er wolte. 115
dā enwas mir niht ze wē.
got der waldes, swie'z ergē:
schœner troum enwart nie mē.

Gerne sliefe ich iemer dā,
wan ein unsæligiu krā, 120
diu begonde schrīen.
daz alle krā gedīen
alse ich in des günne!
si nam mir michel wünne.
von ir schrīenne ich erschrac: 125
wan daz dā niht steines lac,
sō wær' ez ir suontac.

Wan ein wunderaltez wīp
diu getrōste mir den līp.
die begonde ich eiden. 130
nū hāt si mir bescheiden
waz der troum bediute.
daz merken wīse liute;
zwēne und einer daz sint drī;
dannoch seite si mir dā bī, 135
daz mīn dūme ein vinger sī.

4.

Ich saz ūf eime steine
und dahte bein mit beine;
dar ūf satzt ich den ellenbogen;
ich hete in mīne hant gesmogen
daz kinne und ein mīn wange:
dō dāhte ich mir vil ange,
wie man zer werlte solte leben.
deheinen rāt kond ich gegeben,
wie man driu dinc erwürbe,
der keinez niht verdürbe.
diu zwei sint ēre und varnde guot,
daz dicke einander schaden tuot;
daz dritte ist gotes hulde,
der zweier übergulde.
die wolte ich gerne in einen schrīn;
jā leider des enmac niht sīn,
daz guot und werltlīch ēre
und gotes hulde mēre
zesamene in ein herze komen.
stīg' unde wege sint in benomen:
untriuwe is in der sāze,
gewalt vert ūf der strāze,
fride unde reht sint sēre wunt.
diu driu enhabent geleites niht,
diu zwei enwerden ē gesunt.

5.

Ich hōrte ein wazzer diezen
und sach die vische fliezen;
ich sach swaz in der werlte was,
velt unde walt, loup rōr und gras;
swaz kriuchet unde fliuget
und bein zer erden biuget,

daz sach ich unde sage iu daz:
der keinez lebet āne haz.
daz wilt und daz gewürme   170
die strītent starke stürme,
sam tuont die vogel under in;
wan daz sie habent einen sin:
sie diuhten sich ze nihte,
sie enschüefen starc gerihte: 175
sie kiesent künege unde reht,
sie setzent hērren unde kneht.
sō wē dir, tiuschiu zunge,
wie stēt dīn ordenunge,
daz nū diu mucke ir künic hāt   180
und daz dīn ēre alsō zergāt!
bekērā dich, bekēre!
die zirken sint ze hēre,
die armen künege dringent dich:
Philippe setze en weisen ūf und heiz sie treten hinder sich!

6.

Ich sach mit mīnen ougen
man unde wībe tougen,
dā ich gehōrte und gesach
swaz iemen tet, swaz iemen sprach.
ze Rōme hōrte ich liegen   190
und zwēne künege triegen.
dā von huop sich der meiste strīt,
der ē was oder iemer sīt,
daz sich begonden zweien
die pfaffen unde leien.   195
daz was ein nōt vor aller nōt:
līp unde sēle lac dā tōt,
die pfaffen striten sēre:
doch wart der leien mēre.

diu swert sie legeten dernider
und griffen zuo der stöle wider:
sie bienen die sie wolten
und niuwet den sie solten.
dō störte man diu goteshūs.
ich hōrte verre in einer klūs
vil michel ungebære:
dā weinde ein klōsenære,
er klagete gote sīniu leit:
'ōwē, der bābest ist ze junc: hilf, hērre, dīner Kristenheit!'

7.

Diu krōne ist elter dan der künec Philippes sī:
dā muget ir alle schouwen wol ein wunder bī,
wie s' ime der smit sō ebene habe gemachet.
sīn keiserlīchez houbet zimt ir alsō wol,
daz sie ze rehte nieman guoter scheiden sol.
ir dwederez daz ander niht enswachet.
sie liuhtent beide ein ander an,
daz edele gesteine wider den jungen man:
die ougenweide sehent die fürsten gerne.
swer nū des rīches irre gē,
der schouwe, wem der weise ob sīme nacke stē:
der stein ist aller fürsten leitesterne.

8.

Mir ist verspart der sælden tor:
dā stēn ich als ein weise vor,
mich hilfet niht swaz ich dar an geklopfe.
wie möhte ein wunder grœzer sīn?
ez regent beidenthalben mīn,
daz mir des alles niht enwirt ein tropfe.
des fürsten milte ūz Ōsterrīche
freut dem süezen regen gelīche

beidiu liute und ouch daz lant. 230
er ist ein schœne wol gezieret heide,
dar abe man bluomen brichet wunder:
und bræche mir ein blat dar under
diu sīn vil milte rīchiu hant,
sō möhte ich loben die süezen ougenweide. 235
hie bī sī er an mich gemant.

9.

Ich hān mīn lēhen, al die werlt! ich hān mīn lēhen!
nū enfürhte ich niht den hornunc an die zēhen
und wil alle bœse hērren deste minre vlēhen.
der edel künec, der milte künec hāt mich berāten, 240
daz ich den sumer luft und in dem winter hitze hān.
mīn' nāhgebūren dunke ich verre baz getān:
sie sehent mich niht mēr an in butzen wīs, alsō sie tāten.
ich bin ze lange arm gewesen ān' mīnen danc.
ich was sō volle scheltens, daz mīn ātem stanc. 245
daz hāt der künec gemachet reine und dar zuo mīnen sanc.

10.

Ōwē hovelīchez singen,
daz dich ungefüege dœnc
solten ie ze hove verdringen!
daz sie schiere got gehœne! 250
ōwē, daz dīn wirde alsō geliget,
des sint alle dīne friunde unfrō.
daz muoz eht sō sīn, nū sī alsō:
frō Unfuoge, ir habt gesiget.

 Der uns freude wider bræhte, 255
diu reht und gefüege wære,
hei wie wol man des gedæhte,
swā man von im seite mære!

ez wær' ein vil hovelīcher muot,
des ich iemer gerne wünschen sol.
frouwen unde hērren zæme ez wol:
ōwē daz ez nieman tuot!

Die daz rehte singen stœrent,
der ist ungelīche mēre
danne die ez gerne hœrent.
des volg' ich der alten lēre:
ich enwil niht werben ze der mül;
dā der stein sō riuschend' umbe gāt
und daz rat sō manege unwīse hāt,
merket wer dā harpfen sül!

Die sō frevellīchen schallent,
der muoz ich vor zorne lachen,
daz s' in selben wol gevallent
mit als ungefüegen sachen.
die tuont sam die frösche in eime sē,
den ir schrīen alsō wol behaget,
daz diu nahtegal dā von verzaget,
sō si gerne sunge mē.

Der unfuoge swīgen hieze,
waz man noch von freuden sunge,
und sie abe den bürgen stieze,
daz si dā die frōn iht twunge!
wurden ir die grōzen höve benomen,
daz wær' allez nāch dem willen mīn:
bien gebūren lieze ich sie wol sīn,
dannen ist s' ouch here komen.

11.

Der rīfe tet den kleinen vogelen wē,
daz sie niht ensungen.
nū hōrte ich s'aber wünneclīche als ē:
nū ist diu heide entsprungen.

dā sach ich bluomen strīten wider den klē,
weder ir lenger wære.
mīner frouwen seite ich disiu mære.

Uns hāt der winter kalt und ander nōt
vil getān ze leide. 295
ich wānde, daʒ ich iemer bluomen rōt
sæhe an grüener heide.
joch schāte eʒ guoten liuten, wære ich tōt,
die nāch freuden rungen
und ie gerne tanzten unde sprungen. 300

Versūmde ich disen wünneclīchen tac,
sō wær' ich verwāʒen
und wære an freude ein angestlīcher slac:
dennoch müese ich lāʒen
al mīne freude, der ich wīlent pflac. 305
got gesegen' iuch alle:
wünschet noch, daʒ mir ein heil gevalle.

12.

Wīp muoʒ ēt iemer sīn der wībe hōhste name
und tiuret baʒ dan frouwe, als ich'ʒ erkenne.
swā nū deheiniu sī, diu sich ir wīpheit schame, 310
diu merke disen sanc und kiese denne.
under frouwen sint unwīp,
under wīben sint sie tiure:
wībes name und wībes līp
die sint beide vil gehiure. 315
swie'ʒ umb' alle frouwen var,
wīp sint alle frouwen gar.
zwīvellop daʒ hœnet,
als under wīlen frouwe: wīp dēst ein name der s'alle
   krœnet.

13.

Sō die bluomen ūz dem grase dringent,
same sie lachen gegen der spileden sunnen,
in einem meien an dem morgen fruo,
und diu kleinen vogellīn wol singent
in ir besten wīse die sie kunnen,
waz wünne mac sich dā genōzen zuo?
ez ist wol halb ein himelrīche.
suln wir sprechen, waz sich deme gelīche,
sō sage ich, waz mir dicke baz
in mīnen ougen hāt getān,
und tæte ouch noch, gesæhe ich daz.

Swā ein edeliu schœne frouwe reine
wol gekleidet unde wol gebunden
durch kurzewīle zuo vil liuten gāt,
hovelīchen hōchgemuot, niht eine,
umbe sehende ein wēnic under stunden:
alsam der sunne gegen den sternen stāt:
der meie bringe uns al sīn wunder,
waz ist dā sō wünneclīches under
als ir vil minneclīcher līp?
wir lāzen alle bluomen stān,
und kapfen an daz werde wīp.

Nū wol dan, welt ir die wārheit schouwen,
gēn wir zuo des meien hōchgezīte!
der ist mit aller sīner krefte komen.
seht an in und seht an werde frouwen,
wederez daz ander überstrīte,
daz bezzer spil ob ich daz habe genomen.
ōwē der mich dā welen hieze,
deich daz eine durch daz ander lieze,
wie rehte schiere ich danne küre!
hēr Meie, ir müeset merze sīn,
ē ich mīne frouwen dā verlüre.

14.

Swie wol der heide ir manicvaltiu varwe stāt,
sō wil ich doch dem walde jehen,
daz er vil mēre wünneclīcher dinge hāt. 355
noch ist dem velde baz geschehen.
sō wol dir, sumer, sus getāner emzekeit!
sumer, daz ich iemer lobe dīne tage,
mīn trōst, sō trœste ouch mīne klage:
ich sage dir, waz mir wirret: 360
diu mir ist liep, der bin ich leit.

Ich mac der guoten niht vergezzen noch ensol,
diu mir sō vil gedanke nimet.
die wīle ich singe, wil ich vinden iemer wol
ein niuwe lop, daz ir gezimet. 365
nū habe ir diz für guot (sō lobe ich danne mē):
ez tuot in den ougen wol, daz man sie siht,
und daz man ir vil tugende giht,
daz tuot wol in den ōren.
sō wol ir des! sō wē mir, wē! 370

15.

In einen zwīvellīchen wān
was ich gesezzen und gedāhte,
ich wolte von ir dienste gān,
wan daz ein trōst mich wider brāhte.
trōst mag ez rehte niht geheizen, ouwē des! 375
ez ist vil kūme ein kleinez trœstelīn,
sō kleine, swenne ich'z iu gesage, ir spottet mīn;
doch fröwet sich lützel ieman, er enwizze wes.

Mich hāt ein halm gemachet frō:
er giht, ich süle genāde vinden. 380
ich maz daz selbe kleine strō,
als ich hie vore sach von kinden.

nū hœret unde merket, ob si'z denne tuo:
'si tuot, si entuot, si tuot, si entuot, si tuot.'
swie dicke ich'z tete, sō was ie daz ende guot. 385
daz trœstet mich: dā hœret ouch geloube zuo.

16

Nieman kan beherten
kindes zuht mit gerten:
den man z'ēren bringen mac,
dem ist ein wort als ein slac. 390
dem ist ein wort als ein slac,
den man z'ēren bringen mac:
kindes zuht mit gerten
nieman kan beherten.

Hüetet iuwer zungen, 395
daz zimt wol den jungen;
stōz den rigel für die tür,
lā kein bœse wort dar für.
lā kein bœse wort dar für,
stōz den rigel für die tür: 400
daz zimt wol den jungen,
hüetet iuwer zungen.

Hüetet iuwer ougen
offenbāre und tougen:
lāt sie guote site spehen 405
und die bœsen übersehen;
und die bœsen übersehen
lāt sie, guote site spehen:
offenbāre und tougen
hüetet iuwer ougen. 410

Hüetet iuwer ōren,
oder ir sīt tōren:

lāt ir bœsiu wort dar in,
daz gunēret iu den sin.
daz gunēret iu den sin, 415
lāt ir bœsiu wort dar in,
oder ir sīt tōren:
hüetet iuwer ōren.

Hüetet wol der drīer
leider alze frīer: 420
zungen ougen ōren sint
dicke schalchaft, z' ēren blint.
dicke schalchaft, z' ēren blint
zungen ougen ōren sint:
leider alze frīer 425
hüetet wol der drīer.

17

Junc man, in swelher aht dū bist,
ich wil dich lēren einen list:
dū lā dir niht ze wē sīn nāch dem guote:
lā dir'z ouch niht z'unmære sīn. 430
und volges dū der lēre mīn,
sō wis gewis, ez frumt dir an dem muote.
die rede wil ich dir baz bescheiden.
lāst dū dir'z ze sēre leiden,
zergāt ez, so ist dīn freude tōt: 435
wilt aber dū daz guot ze sēre minnen,
dū maht verliesen sēle und ēre.
dā von sō volge mīner lēre:
leg' ūf die wāge ein rehtez lōt
und wig ouch dar mit allen dīnen sinnen, 440
als ez diu māze eht ie gebōt.

18

Die väter hānt ir kint erzogen,
dar an sie beide sint betrogen:
sie brechent dicke Salomōnes lēre:
der sprichet, swer den besmen spar, 445
daz der den sun versūme gar:
des sint die ungebatten gar ān' ēre.
hie vor dō was diu werlt sō schœne,
nū ist sie worden alsō hœne.
des enwas niht wīlent ē: 450
die jungen hānt die alten sō verdrungen.
nū spottet alse dar der alten!
ez wirt iu selben noch behalten.
beitet unz iuwer jugent zergē:
swaz ir nū tuot, daz rechent iuwer jungen, 455
daz weiz ich wol und weiz noch mē.

19

Wer zieret nū der ēren sal?
der jungen ritter zuht ist smal,
sō pflegent die knehte gar unhövescher dinge
mit worten und mit werken ouch. 460
swer zühte hāt, der ist ir gouch.
nemt war, wie gar unfuoge für sich dringe!
hie vor dō berte man die jungen,
die dā pflāgen frecher zungen;
nū ist ez ir werdekeit: 465
sie schallent unde scheltent reine frouwen.
wē ir hiuten unde ir hāren,
die niht kunnen frō gebāren
sunder wībe herzeleit!
dā mac man sünde bī der schande schouwen, 470
die maneger ūf sich selben leit.

20

Swer āne vorhte, hērre got,
wil sprechen dīniu zehen gebot
und brichet diu, daz ist niht rehtiu minne.
dich heizet vater maneger vil: 475
swer mīn ze bruoder niht enwil,
der sprichet starkiu wort ūz krankem sinne.
wir wahsen ūz gelīchem dinge:
spīse frumet uns, diu wirt ringe,
sō si durch den munt gevert. 480
wer kan den hērren von dem knehte scheiden
swa er ir gebeine blōzez fünde,
und hæte er ir joch lebender künde,
sō gewürme daz fleisch verzert?
im dienent kristen, juden unde heiden, 485
der elliu lebendiu wunder nert.

21

Ōwē daz wīsheit unde tugent,
des mannes schœne noch sīn jugent
niht erben sol, sō ie der līp erstirbet!
daz mac wol klagen ein wīser man, 490
der sich des schaden versinnen kan.
Reinmār, waz guoter kunst an dir verdirbet!
dū solt von schulden iemer des geniezen,
daz dich des tages wolte nie verdriezen,
du'n spræches ie den frouwen wol und guoten wībes siten. 495
des suln sie iemer danken dīner zungen.
und hætest niht wan eine rede gesungen:
'sō wol dir, wīp, wie reine ein nam!', dū hætest an gestriten
ir lobe, daz elliu wīp dir iemer gnāden solten biten.

22

Dēswār, Reinmār, dū riuwes mich 500
michels harter denne ich dich,
obe dū lebtes unde ich wære erstorben.
ich wil'z bī mīnen triuwen sagen:
dich selben wil ich lützel klagen,
ich klage dīn edelen kunst, daz s'ist verdorben. 505
dū kundest al der werlte freude mēren,
sō du'z ze guoten dingen woltest kēren.
mich riuwet dīn wol redender munt und dīn vil süezer sanc,
daz der verdorben ist bī mīnen zīten.
daz dū niht eine wīle mohtest bīten! 510
sō leiste ich dir geselleschaft: mīn singen ist niht lanc.
dīn sēle müeze wol gevarn und habe dīn zunge danc.

V
REINMAR.

Reinmar, often called Reinmar der Alte, was by birth an Alsatian. He spent many years of his active life as Court poet at Vienna, where he was extremely popular. Next to his rival Walther von der Vogelweide he was the most prolific and important lyrical poet of his period, cp. ll. 487-512, pp. 132-3. He died some time during the first decade of the thirteenth century. See Burdach, Reinmar der Alte und Walther von der Vogelweide, Leipzig, 1880, and Bartsch, Deutsche Liederdichter des zwölften bis vierzehnten Jahrhunderts, Stuttgart, 1879.

1

'Sī koment underwīlen her
die baz dā heime möhten sīn.
Ein ritter des ich lange ger,
bedæhte er baz den willen mīn,
sō wære er z'allen zīten hie,
als ich in gerne sæhe.
owē des, waz suochent die
die nīdent daz, ob iemen guot geschæhe?'

Mir ist geschehen daz ich niht bin
langer vrō wan unz ich lebe.
sī wundert wer mir schœnen sin
und daz hōhgemüete gebe
daz ich zer werlte niht getar
ze rehte alsō gebāren.
nie genam ich vrowen war,
ich wære in holt die mir ze māze wāren.

2

Ein rede der liute tuot mir wē:
da enkan ich niht gedulteclīchen zuo gebāren.
nu tuont si'z alle deste mē:
sī frāgent mich ze vil von mīner frouwen jāren
und sprechent welher tage sī sī,
dur daz ich ir sō lange bin gewesen mit triuwen bī;
sī jehent daz es möhte mich verdriezen.
nu lā daz aller beste wīp
ir zühtelōser vrāge mich geniezen.

3

Sī jehent, der sumer der sī hie,
diu wunne diu sī komen
und daz ich mich wol gehabe als ē.
nu rātet unde sprechet wie:
der tōt hāt mir benomen
daz ich niemer überwinde mē.
waz bedarf ich wunneclīcher zīt,
sīt aller vröuden hērre Liutpolt in der erde līt,
den ich nie tac getrūren sach?
ez hāt diu werlt an ime verlorn
daz ir an manne nie
sō jæmerlīcher schade geschach.

'Mir armen wībe was ze wol,
dō ich gedāhte an in
wie mīn heil an sīnem lībe lac.
daz ich des nū niht haben sol,
des gāt mit sorgen hin
swaz ich iemer mē geleben mac.
mīner wunnen spiegel derst verlorn
den ich mir hete ze sumerlīcher ougen weide erkorn,
des muoz ich leider ænic sīn.
dō man mir seite er wære tōt,
zehant wiel mir daz bluot
von herzen ūf die sēle mīn.

Die fröide mir verboten hāt
mīns lieben hērren tōt
alsō deich ir mēr enberen sol.
sīt des nu niht mac werden rāt,
in ringe mit der nōt,
daz mīn klagedez herze ist jāmers vol,
diu in iemer weinet, daz bin ich,
wan er vil sælic man, jā trōste er wol ze lebenne mich.
der ist nu hin: waz töhte ich hie?
wis ime genædic, hērre got,
wan tugenthafter gast
kam in dīn ingesinde nie.'

4

Ich welte ūf guoter liute sage
und ouch durch mīnes herzen rāt
ein wīp von der ich dicke trage
vil manige nōt diu nāhe gāt.
die swære ich z'allen zīten klage,
wand ez mir kumberlīche stāt.
ich tet ir schīn den dienst mīn:
wie möhte ein grœzer wunder sīn,
daz sī mich des engelten lāt?

Ze rehter māze sol ein man
beidiu daz herze und al den sin
ze stæte wenden, ob er kan:
daz wirt im līhte ein guot gewin.
swem dā von ie kein leit bekan, 75
der weiz wol wie'ch gebunden bin.
ich gloube im wol, als er mir sol.
von schulden ich den kumber dol:
ich brāhte selbe mich dar in.

5

'Er hāt ze lange mich gemiten 80
den ich mit triuwen nie gemeit.
von sīner schulde ich hān erliten
daz ich nie grœzer nōt erleit.
sō lebt mīn līp nāch sīnem lībe.
ich bin ein wīp, daz im von wībe 85
nie liebes mē geschach, swie mir von im geschæhe.
mīn ouge in gerner nie gesach dann ich in hiute sæhe.'
Mir ist vil liebe nu geschehen,
daz mir sō liebe nie geschach.
sō gerne hān ich sī gesehen 90
daz ich sī gerner nie gesach.
ich scheide ir muot von schwachem muote:
sī ist sō guot, ich wil mit guote
ir lōnen, ob ich kan, als ich doch gerne kunde.
vil mēre frőiden ich ir gan dann ich mir selben gunde. 95

6

Wol mich lieber mære,
diu ich hān vernomen,
daz der winter swære
welle ze ende komen.

Reinmar

küme ich des erbeiten mac, 100
want ich fröide niht enpflac
sīt der kalte rīfe lac.

Mich enhazzet niemen,
ob ich bin gemeit.
Weiz got, tuot ez iemen, 105
deist unsælekeit,
wande ich schaden niht enkan.
swes ot sī mir wole gan,
waz wil des ein ander man?

Solte ich mīne liebe 110
bergen unde heln,
sō müest ich ze diebe
werden unde steln.
sinneclīch ich daz bewar.
mīn gewerbe ist anderswar, 115
ich gē dannen oder dar.

Sō sī mit dem balle
trībet kindes spot,
daz's iht sēre valle,
daz verbiete got. 120
megde, lāt iur dringen sīn:
stōzet ir mīn frouwelīn,
so'st der schade halber mīn.

7

Ich sach vil wunneclīche stān
die heide mit den bluomen rōt, 125
der vīol der ist wol getān:
des hāt diu nahtegal ir nōt
wol überwunden diu sī twanc.
zergangen ist der winter lanc.
ich hōrte ir sanc. 130

Dō ich daz grüene loup ersach,
dō liez ich vil der swære mīn.
von einem wībe mir geschach
daz ich muoz iemer mēre sīn
vil wunneclīchen wol gemuot. 135
ez sol mich allez dunken guot
swaz sī mir tuot.

Sī schiet von sorgen mīnen līp,
daz ich dekeine swære hān.
wan āne sī vier tūsent wīp 140
dien heten's alle niht getān.
ir güete wendet mīniu leit.
ich hān sī mir ze friunt bereit,
swaz iemen seit.

Mir'n mac niht leides widerstān: 145
des wil ich gar ān angest sīn.
ergienge ez als ich willen hān,
sō læge's an dem arme mīn.
daz mir der schœnen wurde ein teil,
daz diuhte mich ein michel heil, 150
und wære ouch geil.

Deich ir sō holdez herze trage,
daz ist in sumelīchen leit.
dar umbe ich niemer sō verzage:
sī vliesent alle ir arebeit. 155
waz hilfet sī ir arger list?
si'n wizzen wie'z ergangen ist
in kurzer frist.

8

Mīn ougen wurden liebes alsō vol,
dō ich die minneclīchen ērst gesach, 160
daz ez mir hiute und iemer mē tuot wol.
ein minneclīchez wunder dō geschach:

sī gie mir alse sanfte dur mīn ougen
daz sī sich in der enge niene stiez.
in mīnem herzen sī sich nider liez:
dā trage ich noch die werden inne tougen.
  Lā stān, lā stān! waz tuost du, sælic wīp,
daz du mich heimesuochest an der stat,
dar sō gewaltecliche wības līp
mit starker heimesuoche nie getrat?
genāde, frowe! ich mac dir niht gestrīten.
mīn herze ist dir baz veile danne mir:
ez solde sīn bī mir, nu'st ez bī dir:
des muoz ich ūf genāde lōnes bīten.

9

Ze fröiden nāhet alle tage
der werlte ein wunneclīchiu zīt,
ze senfte maniges herzen klage
die nu der swære winter gīt.
von sorge ich dicke sō verzage,
swenn alsō jæmerlīche līt
diu heide breit. daz ist mir leit.
diu nahtegal uns schiere seit
daz sich gescheiden hāt der strīt.

10

Sō wol dir, wīp, wie reine ein nam!
wie sanfte er doch z'erkennen und ze nennen ist!
ez wart nie niht sō lobesam,
swā du'z an rehte güete kērest, sō dū bist.
dīn lop mit rede nieman wol volenden kan.
swes dū mit triuwen pfligest wol, der ist ein sælic man
und mac vil gerne leben.
dū gīst al der werlte hohen muot:
maht dū ouch mir ein wēnic freude geben?

VI
ULRICH VON LICHTENSTEIN.

Ulrich von Lichtenstein came of a better-class Styrian family, and was born about the year 1200 and died in 1275 or 1276. He was one of the best representatives of the later Court lyrical poets. For editions of his works, see Lachmann, Ausgabe der Dichtungen Ulrichs von Lichtenstein, Berlin, 1841; Bechstein, Ulrichs von Lichtenstein Frauendienst, Leipzig, 1887. The following extracts are taken from Bartsch, Deutsche Liederdichter des zwölften bis vierzehnten Jahrhunderts, Stuttgart, 1889.

I
Ein tanzwīse, und ist diu vierde wīse.

In dem walde süeze dœne
singent kleiniu vogellīn.
an der heide bluomen schœne
blüejent gegen des meien schīn.
alsō blüet mīn hōher muot   5
mit gedanken gegen ir güete,
diu mir rīchet mīn gemüete
sam der troum den armen tuot.

Ez ist ein vil hōch gedinge
den ich gegen ir tugenden trage,   10
daz mir noch an ir gelinge,
daz ich sælde an ir bejage.
des gedingen bin ich vrō.
god geb' daz ich'z wol verende,
daz sie mir den wān iht wende   15
der mich freut sō rehte hō.

Sie vil süeze, valsches āne,
vrī vor allem wandel gar,
lāze mich in liebem wāne
die wīl ez niht baz envar;   20
daz diu vreude lange wer,
daz ich weinens iht erwache,
daz ich gegen dem trōste lache
des ich von ir hulden ger.

Wünschen unde wol gedenken 25
dēst diu meiste vreude mīn.
des sol mir ir trōst niht wenken,
sie enlāze mich ir sīn
mit den beiden nāhen bī,
sō daz sie mit willen gunne 30
mir von ir sō werder wunne
daz sie sælic immer sī.

Sælic meie, du aleine
trœstest al die welde gar.
du und al diu werlt gemeine 35
vreut mich min dann umb ein hār.
wie möht' ir mir vreude geben
āne die vil lieben guoten?
von der sol ich trōstes muoten;
wan ir trōstes muoz ich leben. 40

2

Ein sincwīse, und ist diu sibende wīse.

Wē war umbe sul wir sorgen?
vreude ist guot.
von den wīben sol man borgen
hōhen muot.
wol im der in kan gewinnen 45
von in! der'st ein sælic man.
freude sol man durch sie minnen,
wan dā līt vil ēren an.

Wir suln tanzen singen lachen
durch diu wīp. 50
dā mit mac ein man gemachen
daz sīn līp

wirdet wert, ob er mit triuwen
dienet guoter wībe gruoz.
swen sīn dienest wil geriuwen, 55
dem wirt selten kumbers buoz.

Mit dem wazzer man daz fiuwer
leschet gar:
vinster ist der sunnen tiuwer.
beidiu wār 60
sint diu mære: ir hœret mēre.
habet für wār ūf mīnen līp:
rehten man von herzen sēre
scheidet nieman wan diu wīp.

Owē owē, frowe Minne, 65
mir ist wē.
nu grīf her wie sēre ich brinne.
kalder snē
müeste von der hitze brinnen
diu mir an dem herzen līt. 70
kanstu, Minne, triuwe minnen,
sō hilfestu mir enzīt.

3
Daz ist ein ūzreise.

Wil iemen nāch ēren die zīt wol vertrīben,
ze sælden sich kēren, bī freuden belīben,
der diene ze flīze mit triuwen vil schōne 75
nāch der minne lōne: der ist süeze, reine,
vil guot und aleine den guoten gemeine.

Swer volget dem schilde, der sol ez enblanden
dem lībe, dem guote, dem herzen, den handen.
des lōnet vil hōhe mit guotem gewinne 80
diu vil werde Minne: diu gīt freud' und ēre.
wol ir süezen lēre! sie kan trœsten sēre.

Der schilt wil mit zühten vil baltlīchez ellen:
er hazzet, er schiuhet Schand' und ir gesellen.
got des niht enwelle daz man bī im vinde 85
sō swachlīch gesinde, er wil daz die sīnen
ūf ēre sich pīnen, in tugenden erschīnen.
 Erg' unde unfuoge und unfuore diu wilde
gezimt niht dem helme und touc niht dem schilde.
der schilt ist ein dach daz niht schande kan decken. 90
sīn blic tæt' enblecken an ēren die weichen,
von vorhten erbleichen: diu varwe ist ir zeichen.
 Hōchgemuote frouwen, ir sült wol gedenken:
getriuwen gesellen vil stæte āne wenken
den minnet, den meinet, mit herzen, mit muote, 95
daz in iwer huote behalte, behüete
mit liebe, mit güete, vrī vor ungemüete.
 Sie ist āne schulde mir hazlīch erbolgen
der ich ze dienste dem schilde wil volgen.
nu hān ich für zürnen noch für herzen sēre 100
niht ander schilt mēre wan den trōst aleine,
daz ich sie baz meine dann ie wīp deheine.
 Gein ir langen kriege setz' ich mīn gedulde:
sō stē gein ir hazze ze wer mīn unschulde.
mīn wer gein den valschen daz sol sīn mīn triuwe 105
vil süeze āne riuwe: mīn kampflīch gewæte
für ir nīdetæte daz sol sīn mīn stæte.

4
Ditz ist der leich.

Got füege mir'z ze guote:
ich bin noch in dem muote
daz ich wil guoten wīben 110
mit dienest āne valschen muot immer bī belīben.
dā von rāt' ich einen rāt
der allen wol gemuoten mannen tugentlīchen stāt.

Ich rāt' iu, ēre gerende man,
mit triuwen, als ich beste kan: 115
ob ir welt werende freude hān,
sō sīt den wīben undertān
mit triwen āne valschen muot.
ir güete ist alsō rehte guot,
swer in mit triwen dienest tuot, 120
den kunnen sie wol machen frō.
der werlde heil gar an in līt:
ir güete ist freuden hōchgezīt,
ir schœne sō vil freuden gīt,
dā von diu herze stīgent hō. 125

Werdekeit
sunder leit
kunnen sie wol friunden geben.
swem sō sī
witze bī, 130
der sol nāch ir hulden streben
unde zinsen in sīn leben:
daz rāte ich ūf die triwe mīn.
swer ēren sælic welle sīn
und rīche an hōhem muote, 135
der sol mit triwen guotiu wīp
reht minnen als sīn selbes līp.
vil guot vor allem guote
ist der wībe güete, unde ir schœne schœne ob aller schœne.
ir schœne ir güete ir werdikeit ich immer gerne krœne.
an ir schœne und an ir güete stāt mīn heil und ouch mīn wunne.
wær' guoter wībe schœne niht, wie selten ich gewunne
deheinen ēren gernden muot.
wol mich daz sie sint alsō guot,
daz man hāt von ir güete 145
sō hōhen trōst für senediu leit.

ir schœne, ir güete, ir werdikeit
gīt mir vil hōch gemüete.

   Mīn muot von wīben hōhe stāt.
waz danne ob mir ir einiu hāt
erzeiget hōhe missetāt?
dēswār des mac wol werden rāt.

   Waz sie gegen mir hāt getān,
daz wil ich gerne wizzen lān
mit zühten, als ich beste kan,
ūf genāde guotiu wīp.
ich hān ir driu und zehen jār
gedienet sunder wenken gar,
bī mīnen triwen, daz ist wār,
daz in der zīt mīn seneder līp
nie gewan
sölhen wān,
des mīn stæte wurde kranc.
al mīn gir
was gein ir
sleht mit triwen āne wanc.
nu vert entwer ir habedanc
reht als ein rat daz umbe gāt
und als ein marder den man hāt
in eine lin gebunden.
kund' ich als sie unstæte sīn,
sō hæt' ich nāch dem willen mīn
ān sie ein frowen funden.

   Ē daz ich mīn ritterlīche stæte bræch' an guoten wīben
ich wold' ē immer valscher wībe hulde vrī belīben.
ich muoz in der stæten wībe dienest sunder lōn verderben
oder ich muoz ir stæten herzen liebe alsus erwerben
daz ich gewenke nimmer wanc
von in. ir hōhen habedanc,

und mag ich den erringen, 180
sō hān ich allez daz ich wil,
süez' ougen wunne, herzen spil,
vil wunne an allen dingen.

Nu waz bedarf mīn seneder līp
genāden mēr, ob ich ein wīp 185
ze frowen vinde alsō gemuot,
diu sich vor wandel hāt behuot
und niht wan daz beste tuot?
der sol mīn dienest sīn bereit
immer mē, 190
swie'z ergē,
sunder valsch mit stætikeit.
dā von gewinne ich werdikeit
und alsō freuderīchen sin,
des ich getiuret immer bin 195
an aller hande dingen.

Vind' ich sie, ich sol sō ritterlīchen nāch ir hulden ringen.
daz mir von ir stætikeit muoz hō an ir gelingen.
sie muoz abr ūf die triwe mīn
gar vrī vor allem wandel sīn, 200
diech mēr mich lāze twingen
und ouch in kumber bringen.
jā gehœret man mich nimmer mē
deheines valschen wībes lop gesprechen noch gesingen.

5

In dem lufte süezem meien, 205
sō der walt gekleidet stāt,
sō siht man sich schōne zweien
allez daz iht liebes hāt,
unde ist mit ein ander vrō.
daz ist reht: diu zīt wil sō. 210

Ulrich von Lichtenstein

Swā sich liep ze liebe zweiet,
hōhen muot diu liebe gīt.
in der beider herzen meiet
ez mit vreuden alle zīt.
trūrens wil diu liebe niht, 215
swā man liep bī liebe siht.

Swā zwei liep ein ander meinent
herzenlīchen āne wanc
und sich beidiu sō vereinent
daz ir liebe ist āne kranc, 220
die hāt got zesamne geben
ūf ein wunneclīchez leben.

Stætiu liebe heizet minne.
liebe, minne, ist al ein:
die kan ich in mīnem sinne 225
niht gemachen wol zuo zwein.
liebe muoz mir minne sīn
immer in dem herzen mīn.

Swā ein stætez herze vindet
stæte liebe, stæten muot, 230
dā von al sīn trūren swindet.
stætiu liebe ist alsō guot
daz sie stæte freude gīt
stætem herzen alle zīt.

Möhte ich stæte liebe vinden, 235
der wold' ich sō stæte sīn
daz ich dā mit überwinden
wolde gar die sorge mīn.
stæter liebe wil ich gern
unde unstæte gar verbern. 240

6

Disiu liet diu heizent vrowen tanz:
diu sol niemen singen, er'n sī vrō.
swer mit zühten treit der freuden kranz,
und dem sīn muot stāt von wīben hō,
dem erloube ich sie ze singen wol: 245
blīdeclīchen man sie tanzen sol.

Trūren ist ze wāre niemen guot
wan dem einen der sīn sünde klaget,
hōhen lop erwirbet hōher muot.
guoten wīben hōchmuot wol behaget: 250
dā von wil ich immer mēre sīn
hōchgemuot durch dich, guot vrowe mīn.

Vreude gibt mir dīn wol redender munt,
hōhen muot dīn reine senfte sit':
vreuden tou mir ūz des herzen grunt 255
kumt von dir in elliu mīniu lit.
got hāt sīnen vlīz an dich geleit,
dā von dīn lop ēren krōne treit.

Liehtiu ougen, dā bī brūne brā,
hāstu und zwei rōtiu wängelīn. 260
schœne bistu hie und schœne dā.
brūn rōt wīz, der drīer varwe schīn
treit dīn hōchgeborner schœner līp.
tugende hāstu vil, guot wīplīch wīp.

Daz du alsō manege tugende hāst, 265
dā von bin ich alles trūrens vrī.
sō du alsō schœniu vor mir gāst,
sō ist mir als ich in dem himel sī.
got sō schœnen engel nie gewan
den ich für dich wolde sehen an. 270

VII

DAS NIBELUNGEN-LIED.

B. Text. ĀVENTIURE XVII.

WIE KRIEMHILT IR MAN KLAGTE UND WIE ER BEGRABEN WART.

The following extract is from Bartsch's edition, Leipzig, 1879.

Dō erbiten si der nahte	und fuoren über Rīn.
von heleden kunde nimmer	wirs gejaget sīn.
ein tier daz si dā sluogen,	daz weinden edeliu kint.
jā muosen sīn engelten	vil guote wīgande sint. 4
Von grōzer übermüete	muget ir hœren sagen,
und von eislīcher rāche.	dō hiez Hagene tragen
Sīfriden alsō tōten	von Nibelunge lant
für eine kemenāten	dā man Kriemhilde vant. 8
Er hiez in tougenlīchen	legen an die türe,
daz sin dā solde vinden	so si gienge derfüre
hin zer mettīne	ē daz ez wurde tac,
der diu vrouwe Kriemhilt	vil selten keine verlac. 12
Man lūte dā zem münster	nāch gewoneheit.
vrou Kriemhilt diu schœne	wahte manige meit:
ein lieht bat si ir bringen	und ouch ir gewant.
dō kom ein kameræra	dā er Sīfriden vant. 16
Er sah in bluotes rōten:	sīn wāt was elliu naz.
daz ez sīn herre wære,	nine wesse er daz.
hin zer kemenāten	daz lieht truog an der hant
von dem vil leider mære	diu vrouwe Kriemhilt ervant. 20
Dō si mit ir vrouwen	zem münster wolde gān,
dō sprach der kameræra	'jā sult ir stille stān:
ez līt vor dem gademe	ein ritter tōt erslagen.'
dō begonde Kriemhilt	vil harte unmæzlīche klagen. 24

Ē daz si rehte erfunde   daz iz wære ir man,
an die Hagenen vrāge   denken si began,
wie er in solde vristen: dō wart ir ērste leit.
von ir was allen vreuden mit sīme tōde widerseit. 28

Dō seic si zuo der erden, daz si niht ensprach:
die schœnen vreudelōsen   ligen man dō sach.
Kriemhilde jāmer   wart unmāzen grōz:
do erschrē si nāch unkrefte daz al diu kemenāte erdōz. 32

Dō sprach daz gesinde: 'waz ob ez ist ein gast?'
daz bluot ir ūz dem munde von herzen jāmer brast.
dō sprach si 'ez ist Sīfrit, der mīn vil lieber man:
ez hāt gerāten Prünhilt, daz ez hāt Hagene getān.' 36

Diu vrouwe bat sich wīsen dā si den helt vant.
si huop sīn schœne houbet mit ir vil wīzen hant.
swie rōt ez was von bluote, si het in schiere erkant.
dō lac vil jæmerlīche   der helt von Nibelunge lant. 40

Dō rief vil trūreclīche   diu küneginne milt:
'owē mir mīnes leides!   nu ist dir dīn schilt
mit swerten niht verhouwen: du līst ermorderōt.
unt wesse ich wer iz het getān, ich riete im immer sīnen
                                                tōt.' 44

Allez ir gesinde   klagete und scrē
mit ir lieben vrouwen,   wand' in was harte wē
umb' ir vil edelen herren, den si dā heten verlorn.
dō het gerochen Hagene   harte Prünhilde zorn. 48

Dō sprach diu jāmerhafte: 'ir sult hine gān
und wecket harte balde   die Sīfrides man.
ir sult ouch Sigemunde   mīnen jāmer sagen,
ob er mir helfen welle   den küenen Sīfriden klagen.' 52

Dō lief ein bote balde   da er si ligen vant,
die Sīfrides helede   von Nibelunge lant.
mit den vil leiden mæren ir vreude er in benam.
si wolden'z niht gelouben unz man daz weinen vernam. 56

Das Nibelungen-Lied

Der bote kom ouch schiere   dā der künic lac.
Sigemunt der herre   des slāfes niht enpflac:
ich wæn' sīn herze im sagete   daz im was geschehen,
ern möhte sīnen lieben sun   lebenden nimmer gesehen. 60

'Wachet, herre Sigemunt.   mich bat nāch iu gān
Kriemhilt mīn vrouwe.   der ist ein leit getān
daz ir vor allen leiden   an ir herze gāt:
daz sult ir klagen helfen,   wand' ez iuch sēre bestāt.' 64

Ūf rihte sich dō Sigemunt;   er sprach: 'waz sint diu leit
der schœnen Kriemhilde,   diu du mir hāst geseit?'
der bote sprach mit weinen: 'ine kan iu niht verdagen:
jā ist von Niderlanden   der küene Sīfrit erslagen.' 68

Dō sprach der herre Sigemunt: 'lāt daz schimpfen sīn
und alsō bœsiu mære   durch den willen mīn,
daz ir daz saget iemen   daz er sī erslagen:
wand' ine kunde in nimmer   unz an mīn ende verklagen.' 72

'Welt ir mir niht gelouben   daz ir mich hœret sagen,
sō muget ir selbe hœren   Kriemhilde klagen
unt allez ir gesinde   den Sīfrides tōt.'
vil sēre erscrac dō Sigemunt: des gie im wærlīchen nōt. 76

Mit hundert sīnen mannen   er von den betten spranc.
si zuhten zuo den handen   diu scharpfen wāfen lanc,
si liefen zuo dem wuofe   vil jāmerlīche dan.
dō kōmen tūsent recken   des küenen Sīfrides man. 80

Dō si sō jæmerlīche   die vrouwen hōrten klagen,
dō wānden sumelīche,   si solden kleider tragen.
jane mohten si der sinne   vor leide niht gehaben:
in wart vil michel swære   in ir herzen begraben. 84

Dō kom der künec Sigemunt   da er Kriemhilde vant.
er sprach: 'owē der reise   here in ditze lant.
wer hāt mich mīnes kindes   und iuch des iuwern man
bī alsō guoten friunden   sus mortlīch āne getān?' 88

'Hey solde ich den bekennen,' sprach daz vil edele wīp,
'holt enwurde im nimmer mīn herze unt ouch mīn līp:
ich geriete im alsō leide daz die friunde sīn
von den mīnen schulden müesen weinende sīn.' 92

Sigemunt der herre den fürsten umbeslōz.
dō wart von sīnen vriunden der jāmer alsō grōz,
daz von dem starken wuofe palas unde sal
und ouch diu stat ze Wormez von ir weinen erschal. 96

Done kunde niemen trœsten daz Sīfrides wīp.
man zōch ūz den kleidern den sīnen schœnen līp.
man wuosch im sīne wunden unt leit' in ūf den rę.
dō was sīnen liuten von grōzem jāmere wē. 100

Dō sprāchen sīne recken von Nibelunge lant:
'in sol immer rechen mit willen unser hant.
er ist in dirre bürge, der iz hāt getān.'
dō īlten nāch wāfen alle Sīfrides man. 104

Die ūz erwelten degene mit schilden kōmen dar,
einlef hundert recken: die hete an sīner schar
Sigemunt der herre. sīnes sunes tōt
den wolde er gerne rechen: des gie im wærlīchen nōt. 108

Sine wessen wen si solden mit strīte dō bestān,
sine tæten'z Gunther unde sīne man,
mit den der herre Sīfrit an daz gejegede reit.
Kriemhilt sach si gewāfent: daz was ir grœzlīche leit. 112

Swie michel wær' ir jāmer und swie starc ir nōt,
dō vorhte si harte der Nibelunge tōt
von ir bruoder mannen, daz si ez understuont.
si warnt' si güetlīche sō vriunde liebe vriunde tuont. 116

Dō sprach diu jāmers rīche: 'mīn her Sigemunt,
wes welt ir beginnen? iu ist niht rehte kunt.
jā hāt der künic Gunther sō manigen küenen man:
ir welt iuch alle vliesen, welt ir die recken bestān.' 120

Das Nibelungen-Lied

Mit ūf erbürten schilden in was ze strīte nōt.
diu edel küneginne bat und ouch gebōt
daz siz mīden solden, die recken vil gemeit.
dō siz niht lāzen wolden, daz was ir wærlīchen leit. 124

Si sprach: 'herre Sigemunt, ir sult iz lāzen stān
unz ez sich baz gefüege: sō wil ich mīnen man
immer mit iu rechen. der mir in hāt benomen,
wirde ich des bewīset, ich sol im schedelīche komen. 128

Ez ist der übermüeten hie bī Rīne vil:
dā von ich iu des strītes rāten niht enwil.
si habent wider einen ie wol drīzec man.
nu lāz' in got gelingen als si umb uns gedienet hān. 132

Ir sult hie belīben, unt dolt mit mir diu leit;
als iz tagen beginne, ir helde vil gemeit,
sō helfet mir besarken den mīnen lieben man.'
dō sprāchen die degene: 'daz sol werden getān.' 136

Iu enkunde niemen daz wunder volsagen
von rittern unt von vrouwen, wie man die hōrte klagen,
sō daz man des wuofes wart in der stat geware.
die edelen burgære die kōmen gāhende dare. 140

Si klageten mit den gesten, want in was harte leit.
die Sīfrides schulde in niemen het geseit,
durch waz der edele recke verlüre den sīnen līp.
dō weinden mit den vrouwen der guoten burgære wīp. 144

Smide hiez man gāhen, wurken einen sarc,
von silber und von golde, vil michel unde starc.
man hiez in vaste spengen mit stahel, der was guot.
dō was al den liuten harte trūrec der muot. 148

Diu naht was zergangen: man sagte ez wolde tagen.
dō hiez diu edele vrouwe zuo den münster tragen
Sīfrit den herren, ir vil lieben man.
swaz er dā vriunde hēte, die sach man weinende gān. 152

Dō sị in zem münster brāhten,   vil der gloken klanc.
dō hōrt' man allenthalben   vil maniges pfaffen sanc.
dō kom der künic Gunther   mit den sīnen man
und ouch der grimme Hagene   zuo dem wuofe gegān.   156

Er sprach: 'vil liebiu swester,   owē der leide dīn,
daz wir niht mohten āne   des grōzen schaden sīn.
wir müezen klagen immer   den Sifrides līp.'
'daz tuot ir āne schulde',   sprach daz jāmerhafte wīp.   160

'Wær' iu dar umbe leide,   son wær' es niht geschehen.
ir hetet mīn vergezzen,   des mag ich wol jehen,
da ịch dā wart gescheiden   von mīme lieben man.
daz wolde got', sprach Kriemhilt,   'wær' iz mir selber getān.'   164

Si buten vaste ir lougen.   Kriemhilt begonde jehen
'swelher sich unschuldige,   der lāze daz gesehen;
der sol zuo der bāre   vor den liuten gēn.
dā bī mac man die wārheit   harte schiere verstēn.'   168

Daz ist ein michel wunder: vil dicke ez noch geschiht,
swā man den mortmeilen   bī dem tōten siht,
sō bluotent im die wunden: als ouch dā gescach.
dā von man die sculde   dā ze Hagenen gesach.   172

Die wunden vluzzen sēre   alsam si tāten ē.
die ē dā sēre klageten,   des wart nu michel mē.
dō sprach der künic Gunther   'ich wil'z iuch wizzen lān.
in sluogen schāchære: Hagene hāt es niht getān.'   176

'Mir sint die schāchære',   sprach si, 'vil wol bekant.
nu lāze ez got errechen   noch sīner vriunde hant.
Gunther unde Hagene,   jā habet ir iz getān.'
die Sīfrides degene   heten dō ze strīte wān.   180

Dō sprach aber Kriemhilt: 'nu habt mit mir die nōt.'
dō kōmen dise beide   dā si in funden tōt,
Gērnōt ir bruoder   und Gīselher daz kint.
in triuwen si in klageten   mit den anderen sint.   184

Si weinden innecliche   den Kriemhilde man.
man solde messe singen: zuo dem münster dan
giengen allenthalben   man wip unde kint.
die sin doch lihte enbāren,   die weinden Sifriden sint. 188

Gērnōt und Giselher   sprāchen: 'swester mīn,
nu trœste dich nāch tōde,   als iz doch muoz sīn.
wir wellen dich's ergetzen   die wīle unt wir geleben.'
donę kunde ir trōst deheinen   zer werlde niemen
                              gegeben. 192

Sīn sarc der was bereitet   wol umbe'n mitten tac.
man huop in von der bāre   dā er ūfe lac.
in wolde noch diu frouwe   lāzen niht begraben.
des muosen al die liute   michel arebeite haben. 196

In einen rīchen pfellel   man den tōten want.
ich wæne man dā iemen   āne weinen vant.
dō klagete herzenlīche   Uote, ein edel wīp,
und allez ir gesinde   den sīnen wætlīchen līp. 200

Dō man daz gehōrte,   daz man zem münster sanc,
unt in gesarket hēte,   dō huop sich grōz gedranc:
durch willen sīner sēle   waz opfers man dō truoc!
er hete bī den vīnden   doch guoter vriunde genuoc. 204

Kriemhilt diu arme   zir kameræren sprach:
'si suln durch mīne liebe   līden ungemach,
die im iht guotes günnen   und mir wesen holt;
durch Sīfrides sēle   sol man teilen sīn golt.' 208

Dehein kint was sō kleine   daz witze mohte haben,
daz muose gēn zem opfer.   ē ęr wurde begraben,
baz danne hundert messe   man dā des tages sanc.
von Sīfrides vriunden   wart dō grōzer gedranc. 212

Dō man dā hete gesungen,   daz volc huop sich von dan.
dō sprach diu vrouwe Kriemhilt   'irn sult niht eine lān
hīnte mich bewachen   den ūz erwelten degen.
ez ist an sīme lībe   al mīn vreude gelegen. 216

Drī tage und drī nahte   wil ich in lāzen stān,
unz ich mich geniete   mīns vil lieben man.
waz ob daz got gebiutet   daz mich ouch nimet der tōt?
sō wære wol verendet   mīn armer Kriemhilde nōt.'   220

Zen herbergen giengen   die liute von der stat.
pfaffen unde müniche   si belīben bat
und allez sīn gesinde,   daz des heldes pflac.
si heten naht vil arge   unt vil müelīchen tac.   224

Ān ezzen und ān trinken   beleip dā manic man.
die ez nemen wolden,   den wart daz kunt getān,
daz man's in den vollen gæbe: daz schuof Sigemunt.
dō was den Nibelungen   vil michel arebeite kunt.   228

Die drīe tagezīte,   sō wir hœren sagen,
die dā kunden singen,   daz si muosen tragen
vil der arebeite.   waz man in opfers truoc!
die vil arme wāren,   die wurden rīche genuoc.   232

Swaz man vant der armen   die es niht mohten hān,
die hiez man doch zem opfer   mit dem golde gān
ūz sīn selbes kamere.   do er niht solde leben,
umbe sīne sēle   wart manic tūsent marc gegeben.   236

Urbor ūf der erden   teilte s'in diu lant,
swā sō man diu klōster   und guote liute vant.
silber unde wæte   gap man den armen gnuoc.
si tet dem wol gelīche   daz sim holden willen truoc.   240

An dem dritten morgen   ze rehter messezīt
sō was bī dem münster   der kirchof alsō wīt
von den lantliuten   weinens alsō vol:
si dienden im nāch tōde   als man lieben vriunden sol.   244

In den tagen vieren,   man hāt gesaget daz,
ze drīzec tūsent marken,   oder dannoch baz,
wart durch sīne sēle   den armen dā gegeben.
dō was gelegen ringe   sīn grōziu schœne und ouch sīn
                                                    leben.   248

Das Nibelungen-Lied

Dō gote dā wart gedienet und daz man vol gesanc,
mit ungefüegem leide vil des volkes ranc.
man hiez in ūz dem münster zuo dem grabe tragen.
die sīn ungern enbāren, die sah man weinen unde
                                              klagen. 252

Vil lūte scrīende daz liut gie mit im dan:
vrō enwas dā niemen, weder wīp noch man.
ē daz man in begrüebe, man sanc unde las:
hey waz guoter pfaffen ze sīner pīfilde was! 256

Ē daz zem grabe kœme daz Sīfrides wīp,
dō ranc mit solhem jāmer der ir getriuwer līp,
daz man si mit dem brunnen vil dicke dā vergōz.
ez was ir ungemüete vil harte unmæzlīchen grōz. 260

Ez was ein michel wunder daz si ie genas.
mit klage ir helfende manic vrouwe was.
dō sprach diu küneginne: 'ir Sīfrides man,
ir sult durch iuwer triuwe an mir genāde begān. 264

Lāt mir nāch mīme leide daz kleine liep geschehen,
daz ich sīn schœne houbet noch eines müeze sehen.'
dō bat si's alsō lange mit jāmers sinnen starc,
daz man zebrechen muose den vil hērlīchen sarc. 268

Dō brāhte man die vrouwen dā si in ligen vant.
si huop sīn schœne houbet mit ir vil wīzen hant;
dō kuste s' alsō tōten den edelen ritter guot.
ir vil liehten ougen vor leide weineten bluot. 272

Ein jæmerlīchez scheiden wart dō dā getān.
dō truoc man si von dannen: sine mohte niht gegān.
dō vant man sinnelōse daz hērlīche wīp.
vor leide möht' ersterben der ir vil wünneclīcher līp. 276

Dō man den edelen herren hete nu begraben,
leit āne māze sah man die alle haben
die mit im komen wāren von Nibelunge lant.
vil selten vrœlīchen man dō Sigemunden vant. 280

Dō was der etelīcher   der drīer tage lanc
vor dem grōzem leide   niht az noch entranc.
doch mohten si dem lībe   sō gar geswīchen niht:
si nerten sich nāch sorgen,   sō noch genuogen geschiht. 284

VIII
WOLFRAM VON ESCHENBACH.

Wolfram von Eschenbach was a native of Bavaria. Of his life little is known, not even the exact dates of his birth and death. He flourished in the latter part of the twelfth and early part of the thirteenth century, and was by far the best and most extensive representative of the Court epic poetry. He is best known by his Parzival, which contains 24,812 lines divided up into sixteen books. The following extract is taken from Book III. For editions of his works, see Lachmann, Wolfram von Eschenbach, Berlin, 1833, fifth edition, Berlin, 1891; Bartsch, Wolfram's von Eschenbach Parzival und Titurel, Leipzig, 1875.

Sich zōch diu frouwe jāmers balt
ūz ir lande in einen walt,
zer waste in Soltāne;
niht durch bluomen ūf die pläne.
ir herzen jāmer was sō ganz,   5
sine kērte sich an keinen kranz,
er wære rōt oder val.
sie brāhte dar durch flühtesal
des werden Gahmuretes kint.
liute, die bī ir dā sint,   10
müezen būwen unde riuten.
sie kunde wol getriuten
ir sun. ē daz sich der versan,
ir volc sie gar für sich gewan:
ez wære man oder wīp,   15
den gebōt sie allen an den līp,
daz se iemer rīters wurden lūt.
' wan friesche daz mīns herzen trūt,

welch rīters leben wære,
daz wurde mir vil swære. 20
nu habet iuch an der witze kraft,
und helt in alle rīterschaft.'

Der site fuor angestlīche vart.
der knappe alsus verborgen wart
zer waste in Soltāne erzogen, 25
an küneclīcher fuore betrogen;
ez enmöhte an eime site sīn:
bogen unde bölzelīn
die sneit er mit sīn selbes hant,
und schōz vil vogele die er vant. 30
swenne ab er den vogel erschōz,
des schal von sange ē was sō grōz,
sō weinde er unde roufte sich,
an sīn hār kērt' er gerich.
sīn līp was klār unde fier: 35
ūf dem plān am rivier
twuog er sich alle morgen.
er'n kunde niht gesorgen,
ez enwære ob im der vogelsanc,
die suoze in sīn herze dranc: 40
daz erstracte im sīniu prüstelīn.
al weinde er lief zer künegīn.
sō sprach sie 'wer hāt dir getān?
du wær' hin ūz ūf den plān.'
er'n kunde es ir gesagen niht, 45
als kinden līhte noch geschiht.
dem mære gienc sie lange nāch.
eins tages sie in kapfen sach
ūf die boume nāch der vogele schal.
sie wart wol innen daz zeswal 50
von der stimme ir kindes brust.
des twang in art und sīn gelust.

frou Herzeloyde kērte ir haz
an die vogele, sine wesse um waz:
sie wolte ir schal verkrenken.   55
ir būliute und ir enken
die hiez sie vaste gāhen,
vogele würgen unde vāhen.
die vogele wāren baz geriten:
etslīches sterben wart vermiten: 60
der bleip dā lebendic ein teil,
die sīt mit sange wurden geil.

Der knappe sprach zer künegīn
'waz wīzet man den vogelīn?'
er gerte in frides sā zestunt.   65
sīn muoter kuste in an den munt:
diu sprach 'wes wende ich sīn gebot,
der doch ist der hœhste got?
suln vogele durch mich fröude lān?'
der knappe sprach zer muoter sān   70
'owē muoter, waz ist got?'
'sun, ich sage dir'z āne spot.
er ist noch liehter denn' der tag,
der antlitzes sich bewac
nāch menschen antlitze.   75
sun, merke eine witze,
und flēhe in umbe dīne nōt:
sīn triwe der werlde ie helfe bōt.
sō heizet einer der helle wirt:
der ist swarz, untriuwe in niht verbirt.   80
von dem kēr' dīne gedanke,
und och von zwīvels wanke.'
sīn muoter underschiet im gar
daz vinster unt daz lieht gevar.
dar nāch sīn snelheit verre spranc.   85
er lernte den gabylōtes swanc,

dā mite er manegen hirz erschōz:
des sīn muoter und ir volc genōz.
ez wære æber oder snē,
dem wilde tet' sīn schiezen wē.
nu hœret fremdiu mære.
swenne er'rschōz daz swære,
des wære ein mūl geladen genuoc,
als unzerworht hin heim er'z truoc.

Eins tages gieng er den weideganc
an einer halden, diu was lanc:
er brach durch blates stimme 'en zwīc.
dā nāhen bī im gienc ein stīc:
dā hōrt' er schal von huofslegen.
sīn gabylōt begund'er wegen:
dō sprach er 'waz hān ich vernomen?
wan wolte et nu der tiuvel komen
mit grimme zorneclīche!
den bestüende ich sicherlīche.
mīn muoter freisen von im saget:
ich wæne ir ellen sī verzaget.'
alsus stuont er in strītes ger.
nu seht, dort kom geschūftet her
drī rīter nāch wunsche var,
von fuoze ūf gewāpent gar.
der knappe wānde sunder spot,
daz ieslīcher wære ein got.
dō stuont ouch er niht langer hie,
in'z phat viel er ūf sīniu knie.
lūte rief der knappe sān
'hilf, got: du maht wol helfe hān.
der vorder zornes sich bewac,
dō der knappe im phade lac:
'dirre tœrsche Wāleise
unsich wendet gāher reise.'

ein prīs den wir Beier tragen,
muoz ich von Wāleisen sagen:
die sint tœrscher denne beiersch her,
und doch bī manlīcher wer.
swer in den zwein landen wirt, 125
gefuoge ein wunder an im birt.

Dō kom geleischieret
und wol gezimieret
ein rīter, dem was harte gāch.
er reit in strīteclīchen nāch, 130
die verre wāren von im komen:
zwēn' rīter heten im genomen
ein' frouwen in sīm' lande.
den helt ez dūhte schande:
in müete der juncfrouwen leit, 135
diu jæmerlīche vor in reit.
dise drī wāren sīne man.
er reit ein schœne kastelān:
sīns schildes was vil wēnic ganz.
er hiez Karnahkarnanz 140
leh cons Ulterlec.
er sprach 'wer irret uns den wec?'
sus fuor er zuome knappen sān.
den dūhte er als ein got getān:
er'n het' ē sō liehtes niht erkant. 145
ūfem towe der wāpenroc erwant.
mit guldīn schellen kleine
vor ietwederem beine
wārn die stegreife erklenget
unt ze rehter māze erlenget. 150
sīn zeswer arm von schellen klanc,
swar er'n bōt oder swanc.
der was durch swertslege sō hel:
der helt was gein prīse snel.

sus fuor der fürste rīche, 155
gezimiert wünneclīche.

Aller manne schœne ein bluomen kranz,
den vrāgte Karnahkarnanz
'junchērre, sāht ir für iuch varen
zwēn' rīter die sich niht bewaren 160
kunnen an rīterlīcher zunft?
sie ringent mit der nōtnunft
und sint an werdekeit verzaget:
sie füerent roubes eine maget.'
der knappe wānde, swaz er sprach, 165
ez wære got, als ime verjach
frou Herzeloyd' diu künegīn,
do s'im underschiet den liehten schīn.
dō rief er lūte sunder spot
'nu hilf mir, helfe rīcher got.' 170
vil dicke viel an sīn gebet
fil li roy Gahmuret.
der fürste sprach 'ich pin niht got,
ich leiste ab gerne sīn gebot.
du maht hie vier rīter sehen, 175
ob du ze rehte kundest spehen.'
der knappe frāgte fürbaz
'du nennest rīter: waz ist daz?
hāstu niht gotelīcher kraft,
sō sage mir, wer gīt rīterschaft.' 180
'daz tuot der künec Artūs.
junchērre, komet ir in des hūs,
der bringet iuch an rīters namen,
daz ir's iuch niemer durfet schamen.
ir muget wol sīn von rīters art.' 185
von den helden er geschouwet wart:
dō lac diu gotes kunst an ime.
von der āventiure ich daz nime,

diu mich mit wārheit des beschiet:
nie mannes varwe baz geriet   190
vor ime sīt Adāmes zīt.
des wart sīn lop von wīben wīt.

   Aber sprach der knappe sān
dā von ein lachen wart getān.
'ay rīter got, waz mahtu sīn?   195
du hāst sus manec vingerlīn
an dīnen līp gebunden,
dort oben unt hie unden.'
aldā begreif des knappen hant
swaz er īsers ame fürsten vant: 200
des harnasch begunder schouwen.
'mīner muoter juncfrouwen
ir vingerlīn an snüeren tragent,
diu niht sus an ein ander ragent.'
der knappe sprach durch sīnen muot   205
'war zuo ist ditze guot,
daz dich sō wol kan schicken?
i'ne mages niht abe gezwicken.'
der fürste im zeigete sā sīn swert:
'nu sich, swer an mich strītes gert,   210
des selben wer ich mich mit slegen:
für die sīne muoz ich an mich legen,
und für den schuz und für den stich
muoz ich alsus wāpen mich.'
aber sprach der knappe snel   215
'ob die hirze trüegen sus ir vel,
son' verwunt' ir niht mīn gabylōt.
der vellet manger vor mir tōt.'

   Die rīter zurnden daz er hielt
bi dem knappen der vil tumpheit wielt. 220
der fürste sprach 'got hüete dīn.
ōwī wan wær' dīn schœne mīn!

dir hete got den wunsch gegeben,
ob du mit witzen soldest leben.
diu gotes kraft dir virre leit.' 225
die sīne und och er selbe reit,
unde gāheten balde
z'einem velde in dem walde.
dā vant der gefüege
frōn Herzeloyden phlüege. 230
ir volke leider nie geschach;
die er balde eren sach:
si begunden sæn, dar nāch egen,
ir gart ob starken ohsen wegen.
der fürste in guoten morgen bōt, 235
und frāgte se, op sie sæhen nōt
eine juncfrouwen līden,
sine kunden niht vermīden,
swes er vrāgt', daz wart gesaget.
'zwēne rīter und ein maget 240
dā riten hiute morgen.
diu frouwe fuor mit sorgen:
mit sporen sie vaste ruorten,
die die juncfrouwen fuorten.'
ez was Meljahkanz. 245
den ergāhte Karnachkarnanz,
mit strīte er ime die frouwen nam:
diu was dā vor fröuden lam.
sie hiez Īmāne
von der Bēāfontāne. 250

Die būliute verzageten,
dō die helde für sie jageten.
sie sprāchen 'wie'st uns sus geschehen?
hāt unser junchērre ersehen
ūf disen rītern helme schart, 255
sone hān wir uns niht wol bewart.

wir sulen der küneginne haz
von schulden hœren umbe daz,
wand' er mit uns dā her lief
hiute morgen dō sie dannoch slief.' 260
der knappe enruochte ouch wer dō schōz
die hirze kleine unde grōz:
er huop sich gein der muoter wider,
und sagete ir mær'. dō viel sie nider:
sīner worte sie sō sēre erschrac, 265
daz sị unversunnen vor im lac.
dō diu küneginne
wider kom z'ir sinne,
swie sie dā vor wær' verzaget,
dō sprach sie 'sun, wer hāt gesaget 270
dir von rīters orden?
wā bist du's innen worden?'
'muoter, ich sach vier man
noch liehter danne got getān:
die sageten mir von rīterschaft. 275
Artūses küneclīchiu kraft
sol mich nāch rīters ēren
an schildes ambet kēren.'
sich huop ein niuwer jāmer hie.
diu frouwe enwesse rehte, wie 280
daz sie ir den list erdæhte
unde in von dem willen bræhte.

Der knappe tump unde wert
iesch von der muoter dicke ein pfert.
daz begunde sẹ in ir herzen klagen. 285
sie dāhte 'i'n wil im niht versagen:
ez muoz aber vil bœse sīn.'
dō gedāhte mēr diu künegīn
'der liute vil bī spotte sint.
tōren kleider sol mīn kint 290

ob sīme liehten lībe tragen.
wirt er geroufet unt geslagen,
sō kumet er mir her wider wol.'
ōwē der jæmerlīchen dol!
diu frouwe nam ein sactuoch: 295
sie sneit im hemede unde bruoch,
daz doch an eime stücke erschein,
unz enmitten an sīn blankez bein.
daz wart für tōren kleit erkant.
ein gugel man obene drūfe vant. 300
al frisch rūch kelberīn
von einer hūt zwei ribbalīn
nāch sīnen beinen wart gesniten.
dā wart grōz jāmer niht vermiten.
diu künegīn was alsō bedāht, 305
sie bat belīben in die naht.
'dune solt niht hinnen kēren,
ich wil dich list ē lēren.
an ungebanten strāzen
soltu tunkel fürte lāzen: 310
die sīhte unde lūter sīn,
dā solte al balde rīten īn.
du solt dich site nieten,
der werelde grüezen bieten.
ob dich ein grā wīse man 315
zuht wil lērn als er wol kan,
dem soltu gerne volgen,
und wis im niht erbolgen.
sun, lā dir bevolhen sīn,
swā du guotes wībes vingerlīn 320
mügest erwerben unt ir gruoz,
daz nim: ez tuot dir kumbers buoz.
du solt z'ir kusse gāhen
und ir līp vast' umbevāhen:
daz gīt gelücke und hōhen muot, 325

op sie kiusche ist unde guot.
du solt och wizzen, sun mīn,
der stolze küene Lähelīn
dīnen fürsten abe ervaht zwei lant,
diu solten dienen dīner hant, 330
Wāleis und Norgāls.
ein dīn fürste Turkentals
den tōt von sīner hende enphienc:
dīn volc er sluoc unde vienc.'
'diz riche ich, muoter, ruocht es got: 335
in verwundet noch mīn gabylōt.'

Des morgens dō der tag erschein,
der knappe balde wart enein,
im was gein Artūse gāch.
frou Herzeloyde in kuste und lief im nāch. 340
der werelde riuwe aldā geschach.
dō sie ir sun niht langer sach
(der reit enwec: wem'st deste baz?),
dō viel diu frouwe valsches laz
ūf die erde, aldā sie jāmer sneit 345
dō daz se ein sterben niht vermeit.
ir vil getriulīcher tōt
der frouwen wert' die hellenōt.
ōwol sie daz se ie muoter wart!
sus fuor die lōnes bernden vart 350
ein wurzel der güete
und ein stam der diemüete.
ōwē daz wir nu niht enhān
ir sippe unz an den eilften spān!
des wirt gevelschet manec līp. 355
doch solten nu getriuwiu wīp
heiles wünschen disem knaben,
der sich hie von ir hāt erhaben.

NOTES

[The references refer to the paragraphs in the Grammar.]

I. BERTHOLD VON REGENSBURG

p. 79, l. 13. werdent sehende, will see.

p. 79, l. 19. daʒ si anders niht enpflæge, see §§ 102, 108.

p. 81, l. 34. von sō getāner freude, of joy of such a beautiful kind.

II. LANTREHTBUOCH

p. 83, l. 26. mege, pres. subj. of mac, see § 93.

p. 85, l. 15. sempervrīen, from sentbærevrīen, the highest class of freemen.

p. 85, l. 17. miter = mitter(e), *aj. nom. pl.*, middle, see § 9, 2.

III. DER ARME HEINRICH

l. 6. im, is reflexive, see §§ 66, 104.

ll. 24-5. That this one (er) may pray to God for the salvation of Heinrich's soul.

l. 31. ze Swāben = in the country of the Swabians, i.e. Swabia.

l. 38. ze handen haben, possess.

l. 50. versworn, *pp.* of verswern, § 86.

l. 101. des muge wir: des is dependent on ein wāreʒ bilde; for muge, see § 74, note.

l. 106. sehent = sehet, imperative.

ll. 133-4. dō ... alrëst, as soon as.

l. 164. eime = eineme, see § 9, 3.

l. 190. gnislich = genislich, cp. § 9, 7.

l. 239. für die selben frist, since then.

ll. 240-1. no longer any hopes of being healed.

l. 257. **sich abe tuon,** renounce, resign.
l. 351. **getwelte,** had dwelt, see § 106.
ll. 372-3. The construction is **sō ze Salerne vil meister** (*gen.*) **von arzenīen ist,** see § 102.
l. 376. **kunde** for **kundet.**
l. 486. **es** *gen.* is dependent on **niht.**
l. 547. **sich ein dinc an nemen,** to take a thing to heart.
l. 591. **mohter** = **mohte er,** see § 65, note 3.
l. 621. **die wīle daz,** so long as.
l. 640. **wan** = **waz ne,** why not.
l. 756. **verswīge wir** is the imperative, cp. also note to l. 101.
l. 846. **dīme** = **dīneme,** see § 9, 3.

IV. WALTHER VON DER VOGELWEIDE

l. 144. **kond** *pret.* of **kan.**
ll. 174-5. They would imagine themselves ruined if they did not exercise a stern rule. On the omission of the negative see § 108.
l. 178. **tiuschiu zunge,** German language, i.e. Germany.
l. 182. **bekērā,** see **ā** in the Glossary.
l. 185. **Philippe** is *dative*; **en** = **den.**
l. 187. **man ... wībe** are the *gen. plural.*
l. 214. **guoter** is *gen. plural.*
l. 232. **bluomen ... wunder,** a great multitude of flowers.
l. 250. **daz sie schiere got gehœne!** may God curse them soon.
l. 255. **Der uns freude wider bræhte,** if anyone would bring us joy again.
l. 285. **bien** = **bī den.**
l. 292. **weder ir,** which of the two.
l. 308. **hōhste** (weak form) **name,** the most beautiful *or* precious name.
l. 429. **du lā dir niht ze wē sīn nāch dem guote,** do not worry yourself too much about wealth.
ll. 475-6. Very many call thee father, who will not recognize me as their brother.
ll. 498-9. See Extracts from Reinmar, ll. 184-192.

Notes

V. REINMAR

l. 33. **Liutpolt**: Duke Leopold VI of Austria.
l. 75. **bekan** = bekam.

VII. DAS NIBELUNGEN-LIED

l. 28. **sīme** = sīneme, see § 9, 3; **widerseit** = widersaget, § 37.
l. 32. **nāch unkrefte**, after she had regained her consciousness.
l. 37. **bat sich wīsen**, asked them to lead her to.
l. 43. **ermorderōt**, older form of *pp.* of **ermordern**, see § 88, note.
l. 88. **āne tuon**, with *gen.* and *acc.*, bereave, rob.
l. 92. **weinende sīn** = weinen, see § 106.
l. 213. **huop sich von dan**, betook themselves away.

VIII. PARZIVAL

l. 17. that they should never mention the word 'knight'. On the omission of the negative see § 108.
l. 42. **weinde** = weinende, see § 29.
ll. 83-4. The mother explained to him fully the difference between darkness and light, i.e. between the Devil and God.
l. 141. **leh cons** = le (li) cons, the Count.
ll. 157-8. K. asked him, who was the perfection of human beauty.
l. 172. **fil li roy**, son of the king.
l. 243. Supply **ros** as object.

GLOSSARY

ABBREVIATIONS

sm., sf., sn., = strong masculine, &c.
wm., wf., wn., = weak masculine, &c.
pret.-pres. = preterite-present.
sv. = strong verb.
wv. = weak verb.
pn. = proper name.

The remaining abbreviations need no explanation.
The Roman numeral after a verb indicates the class to which the verb belongs. The ordinary numerals after a word indicate the paragraph in the Grammar where the word either occurs or some peculiarity of it is explained.

A

ā, *interj.* added to the imperative, nouns, and particles; neinā, certainly not.
ab, abe, *prep. c. dat.* of, from; *av.* away, away from, 9. 6.
aber, abr, ab, *av.* and *cj.* again, once more, but; aber sprëchen, answer, reply.
acker, *sm.* field, acre, 9. 2, 31. 2, 42.
Adām, *pn.* Adam.
adamas, *sm.* diamond.
æber, *sn.* place where the snow has melted away.
ænic (with *gen.*), *aj.* bereft.
äher (OHG. ahir), *sn.* ear of corn.
aht(e), *num.* eight, 62.
aht(e), *sf.* attention, meditation; station, position.
ahtede, *num.* eighth, 62.
ahten, *wv.* observe, consider, deliberate.
ah(t)zëhen, *num.* eighteen, 62.
ah(t)zëhende, *num.* eighteenth, 62.
ah(t)zic (-ec), *num.* eighty, 62.
ah(t)zigeste, *num.* eightieth, 62.
al (*infl.* aller, allez, alliu (älliu, elliu)), *aj.* all; al dā, there, thereupon; al dō, as soon as; al ein, all one, the same; aller hande, of all kinds; alle wëge, everywhere, 55.
aleine, *av.* alone.
allenthalben, *av.* on all sides.
allertegelīch, *av.* daily.
allez, *av.* always, already.
almahtic (almähtic, almehtic), *aj.* all-powerful, almighty.
almuosen, *sn.* alms, charity.
alrēst = aller ērst, at first.
als, see alsō.
alsam, *av.* as, just as, 69.
alsō (alse, als), *av.* as, just as, so, likewise, 69; alse dar, always, all the time.
alsolch = solch.
alsus (alsust), *av.* in this manner, so, thus.
alt, *aj.* old, former, 10, 57.
alter, *sn.* age.
alwære, *aj.* foolish.
alze, *av.* too, too much.

Glossary

alzehant, *av.* on the spot, at once, immediately.
am = **an dëm.**
ambet, *sn.* service, office, calling.
anblic, *sm.* look.
ander, *num.* and *pr.* other, second, 55, 62, 71.
anders, *av.* otherwise, else; **niht anderswan,** nothing but.
anderswar, *av.* elsewhere.
ane (an), *prep. c. dat.* or *acc.* on, by, in; of; along with; until, 9. 6; **an dën līp,** by (their) life, on the penalty of (their) life; **an dër stat,** at once, on the spot.
āne (ān), *av.* alone, free, deprived of; **eines āne wërden,** to lose; *cj.* except; *prep. c. acc.* or *gen.* without, except, next to.
ange, *av.* narrowly, exactly, carefully, anxiously, 9. 7.
anger, *sm.* grass plot.
angesiht, *sf.* sight.
angest, *smf.* care, sorrow, anxiety.
anges(t)lich, *aj.* anxious, fearful, dangerous, terrible.
anme, amme, ame, am = **an dëme,** 68, note 2.
ansëhen, *sv.* V, look at, behold.
anst (*pl.* **enste**), *sf.* favour, 49.
antlütze, antlitze, *sn.* face, countenance.
antwürten (*pret.* **antwurte**), *wv.* answer.
apfel, *sm.* apple, 31, 2.
ar, *wm.* eagle, 9. 1, 50.
arbeit (arebeite), *sf.* work, trouble, grief.
arbeitsam, *aj.* painful, troublesome.
arc (-ges), *aj.* bad, mischievous, wicked.

arm, *aj.* poor, helpless, unhappy, 57.
arm, *sm.* arm.
armuot, *sf.* poverty, want.
art, *smf.* inborn manner, nature, quality; origin, descent.
Artūs, *pn.* Arthur, king of Britain.
arzāt, *sm.* physician.
arzenīe, *sf.* medicine, remedy.
ās, *sn.* carrion, 28.
ātem, *sm.* breath, 42.
āventiure, *sf.* wonderful event.
ay, *interj.* ah! alas!

B

bābest, *sm.* pope.
bāgen, *sv.* VII, quarrel, 87.
bal (-lles), *sm.* ball.
balde, *av.* boldly, bravely, valiantly; quickly; **balde wërden enein,** be quickly resolved.
balt, *aj.* courageous, full of courage, firm, unyielding.
baltlīch, *aj.* courageous.
bange, *aj.* anxious, 9. 7.
bannen, *sv.* VII, banish, expel, put under the ban, 87.
bar, *aj.* bare, 55.
bāre, *sf.* bier.
bat (-des), *sn.* bath, flood of tears.
baẓ, *av.* better, more, 61; **baẓ geriten,** quicker; **baẓ veile,** of less value; **wëm'st deste baẓ?,** who feels joy at this parting?
Bēāfontāne, *pn.*
bedāht, *p.p.* thoughtful, intent.
bēde = **beide.**
bedecken (*pret.* **-dacte, -dahte**), *wv.* cover, 90.
bedenken (*pret.* **-dāhte,** *subj. pret.* **-dæhte**), think over, consider; **sich dës willen bedenken,** decide upon a thing.

bediuten, *wv.* expound; *refl.* mark, denote.
bedriezen, *sv.* II, seem troublesome *or* irksome.
bedunken (*pret.* -dūhte), *wv.* seem, appear.
bedurfen, bedürfen (*pr. sing.* -darf), *pret. pres.*, need, require; see **durfen.**
begān, *anom. v.* to do a thing; *refl.* live; see **gān.**
begiezen, *sv.* II, pour over, moisten.
beginnen, *sv.* III (*pret.* also weak begunde, begonde), begin, 81.
begraben, *sv.* VI, bury, inter.
begrīfen, *sv.* I, grasp, understand.
begunder = begunde ër.
behagen, *wv.* please, delight, suit.
behalten, *sv.* VII, hold, keep, preserve, reserve, store up.
beherten, *wv.* harden, enforce.
behüeten, *wv.* keep, preserve, protect.
behuot, *p.p.* of behüeten.
beide (bēde), *num.*, *neut.* beidiu, both; **beide—und,** both—and.
beidenthalben, *av.* on both sides.
Beier, *pn.* people of Bavaria, Bavarians.
beier(i)sch, *aj.* Bavarian.
bein, *sn.* bone, leg, 5, 11.
beiten, *wv.* wait; *sn.* a waiting.
bejagen, *wv.* acquire, get.
bejëhen, *sv.* V, assure.
bekan = bekam.
bekennen (*pret.* -kante), *wv.* know, recognize, get to know.
bekēren, *wv.* employ, turn; **bekēren sich,** turn round.
bekomen, *sv.* IV, get, obtain.
belīben (blīben), *sv.* I, remain, 9. 7, 76; **under wēgen belīben,** be left undone, cease.

beliuhten, *wv.* illumine, explain, make manifest.
benamen = bī namen, in the true sense of the word.
benëmen, *sv.* IV, take, take away; *c. gen.* exempt.
berāten, *sv.* VII, consider, arrange, provide for; *refl.* consider, reflect.
bërc (-ges), *sm.* mountain.
bereit (bereite), *aj.* ready, willing; *av.* readily, willingly, 55.
bereiten (*pret.* -reite), *wv.* plough, make arable, prepare, make ready.
bërgen, *sv.* III, hide, 81.
bërn, *sv.* IV, bear, carry, bring forth, 9. 1, 19, 82.
bern (*pret.* berte), *wv.* beat, strike.
berouben, *wv.* bereave, rob.
berüeren, *wv.* touch, move.
besarken (beserken), *wv.* put into the coffin.
beschëhen, *sv.* V, happen.
bescheiden, *sv.* VII, make clear, explain.
bescheiden (bescheidenlīch), *aj.* sensible, prudent.
bescheidenheit, *sf.* understanding, sense, prudence.
bescheidenlīchen, *av.* definitely, clearly, sensibly.
beschern, *wv.* bestow upon, divide, let out.
bëseme, *wm.* besom; rod.
besitzen (*pret.* -saz), *sv.* V, take possession of.
besliezen, *sv.* II, close, shut.
besorgen, *wv.* provide, be conscious of; requite.
bestān, *anom. v.* remain; attack, assail; **einen bestān,** concern, belong to.
beste, *aj.* and *av.* best, 9. 5, 23. 1, 61.
besunder, *av.* apart.

Glossary

beswærde, *sf.* affliction, grief, sadness.
beswæren, *wv.* afflict, grieve.
beswern (*pret.* -swuor, *pp.* -sworn), *sv.* VI, take an oath, swear to.
bëte, *sf.* request, command.
bëten, *wv.* pray, 92.
betrahten, *wv.* view, consider.
betriegen, *sv.* II, deceive.
betrüeben, *wv.* make gloomy *or* angry.
bette, *sn.* bed, 10, 46.
bettestat, *sf.* couch, place of rest.
bevëlhen, *sv.* III, order, recommend; bring home to a person, 19, 34, 81.
bevinden, *sv.* III, become sensible of, get to know.
bewachen, *wv.* watch, guard.
bewarn, *wv.* protect, guard against, preserve; avert, ward off, prevent.
bewëgen (sich with *gen.*), *sv.* V, resolve to *or* upon, take upon oneself; part with, cast off.
bewenden (*pp.* -want), *wv.* turn to, use.
bewīsen, *wv.* put right, inform, instruct.
bezzer (*superl.* bezzest, beste), *aj.* better, 58.
bezzern, *wv. refl.* get better, improve.
bezzerunge, *sf.* improvement, 8.
bī, *prep.* and *av.*. near, near by, with, beside; thereby; **bī sīn** with *dat.* of person : be near, have; **bī mīnen triuwen**, in truth, upon my word!; **bī mīnen zīten**, during my lifetime; **bī spotte sīn**, like mockery; **bī wësen**, remain.
bibenen (biben, *pp.* bibent), *wv.* quake, tremble.

biderbe, *aj.* noble, active, good.
biegen, *sv.* II, bow, bend, 5, 11, 12, 15, 16, 18, 33, 78.
bien = bī dën.
bieten, *sv.* II, offer, show, 5, 11, 18, 25, 78.
bilde, *sn.* example, comparison.
bilden, *wv.* form.
billich, *aj.* becoming, right.
billīchen, *av.* rightly, properly, befittingly.
bin, am, 97.
binden, *sv.* III, bind, fasten, 10 note 2, 11, 12, 15, 33, 81; **wol gebunden**, with the hair neatly braided and decked out.
bir, *swf.* pear, 50.
bīten, *sv.* I, wait, put off, delay, 76.
bit(t)en (*pret.* bat), *sv.* V, ask, beg, request, command, 3, 26, 31. 3, 84.
bitter, *aj.* bitter, 20, 31. 2, 55.
bitterlīch, *aj.* bitter, 8.
bitterlīchen, *av.* bitterly.
biz, *sm.* bite, 44.
bīzen, *sv.* I, bite, 5, 19, 76.
blā (·wes), *aj.* blue, 36, 55.
blanc, *aj.* white, shining, beautiful.
blāsen, *sv.* VII, blow, 87.
blat, *sn.* leaf.
blī (·ges), *snm.* lead, 35.
blīben = belīben.
blic (·ckes), *sm.* glance, look; splendour.
blīdeclīchen, *av.* blithely, joyfully.
blint (·des), *aj.* blind, 7, 9. 2, 55, 56.
bliuwen, *sv.* II, strike, 16 note, 19, 36, 79.
blōz, *aj.* bare, naked; only.
blüejen, blüewen, blüen, *wv.* bloom, 19, 35, 90.
blüemen, *wv.* bloom, 90.
bluome, *wmf.* flower, blossom.

Glossary

bluot, *sn.* blood.
bluoten, *wv.* bleed.
boc (·ckes), *sm.* he-goat, 10, 32. 1.
böcklīn, *sn.* little he-goat, 10.
bœse, *aj.* bad, worthless, despicable.
boge, *wm.* bow.
bölzelīn, *sn.* little cross-bow, bolt *or* arrow.
borgen, *wv.* borrow.
bote, *wm.* messenger, 51.
bougen, böugen, *wv.* bend, 10.
boum, *sm.* tree.
bōzen, *sv.* VII, beat, strike, 87.
brā (brāwe), *swf.*, brow, eyebrow; eyelash, 48.
brāten, *sv.* VII, roast, 87.
brëchen, *sv.* IV, break, pluck, gather; neglect, 82.
breit, *aj.* wide, broad.
brennen, *wv.* burn, 10, 11, 90.
bresten, *sv.* IV, break, burst, be deficient, want, lack, 19.
brief (·ves), *sm.* letter, 33, 44.
bringen (*pret.* brāhte, *pret. subj.* bræhte), bring, 28, 29, 91; sich bringen lāzen, let oneself be brought; vür bringen, carry out.
brinnen, *sv.* III, burn, 81.
briuwen, *sv.* II, brew, 16 note, 79.
brœde, *aj.* breakable, perishable.
brōt, *sn.* bread.
brugge, brügge (brucke, brücke), *sf.* bridge, 10 note 3, 26, 31. 3.
brūn, *aj.* brown; dark-coloured.
brunne, *wm.* spring, well, brook.
bruoch, *sf.* covering for the upper part of the thigh.
bruoder, *sm.* brother, 3, 5, 11, 24, 25, 45.
brust (*pl.* bruste, brüste), *sf.* breast, bosom, 10 note 3, 49.

brūt (*pl.* briute), bride, 5, 10, 11.
bū (·wes), *smn.* cultivated land; farmhouse; dwelling, abode, 42.
büechlīn, *sn.* little book, 10.
būman (*pl.* būliute), *sm.* peasant, farmer, farm labourer.
buoch, *sn.* book, 10.
buosem, *sm.* bosom, 9. 2.
buoʒ, *sm.* remedy, compensation, reparation; buoʒ tuon *c. gen.*, free from, liberate from.
būr, *sm.* peasant.
burc (·ge), *sf.* castle, town, 10 note 1, 49.
burgære, *sm.* citizen, parishioner.
burt, *sf.* birth, of good family.
butze, *wm.* hobgoblin, bugbear; in butzen wīs, like a ghostly hobgoblin.
būwen, biuwen (*pret.* biute), *wv.* till, cultivate, plant.

C

For c see k.

D

dā, dār, *av.* there, where, 39, 69; dā mite, therewith; dā von, thereby; dā vor, before it *or* that; dā zuo, thereby, therewith, thereto.
dach, *sn.* covering, 31. 3.
dagen, *wv.* be silent, 92.
dahte, see decken.
danc (·kes), *sm.*, thanks, wish; sunder *or* an' mīnen danc, against my wish.
danken, *wv.* thank, 9. 2.
danne, denne (dan), *av.* then; *after the comparative*, than as; in conditional sentences with or without ne = unless.

Glossary

dannen, *av.* from there, thence; wherefrom, 69.
dannoch (dennoch), *av.* however, even, still; besides, in addition to this; moreover.
dar, dare, *av.* thither, whither, 69; **dar an,** thereon, in that, therein; **dar für,** before it; **dar nāch,** thereupon, after that; **dar umbe,** therefore, 69; **dar under,** amongst them, in between; **dar zuo,** besides, in addition.
dārinne, darinne, *av.* therein.
daʒ, *cj.* that.
dechein, *pr.* no, none, 71.
decken (*pret.* dacte, dahte), *wv.* cover, 23. 2, 31. 3, 32. 2, 90.
dëgen, *sm.* warrior, vassal, 11.
dehein, dekein, *pr.* any one; no, none, 71.
deich = **daʒ ich.**
deist = **daʒ ist.**
denen (dennen), *wv.* stretch, 92.
denken (*pret.* dāhte), think, 5, 11, 28, 29, 91.
denne = **danne.**
dennoch, see **dannoch.**
dër, daʒ, diu, *def. art., dem. pr.,* and *rel. pr.,* the, who; 9. 6, 68, 69; **dës,** *av.* with which, thereby, therefore, wherefore.
derfüre, *av.* out.
dernider, *av.* down.
dërst = **dër ist.**
dēst, deis, dēs = **daʒ ist,** 68 note 1.
deste, *av.* the more, all the more; *before comparatives,* the, so much, 11.
dēswār (= **daʒ ist wār**), *av.* truly, in truth, indeed.
dewëder, dwëder, *pr.* one of two, neither of two, 71.
deʒ = **daʒ.**
dic (dicke), *aj.* thick, dark, 55;

av. **dicke,** often; **dicke baʒ,** often still better.
die = Middle Germ. form of **dër.**
diech = **daʒ ich.**
diemüete, *sf.* humility.
dien = **die en.**
dienen, *wv.* serve, earn, deserve; requite, 9. 2, 92.
dienest (dienst), *sm.* service, serviceableness; devotion, 9. 2; **ze dienste,** out of devotion.
dienstman, *sm.* servant, feoffee.
diep (-bes), *sm.* thief; **ze diebe wërden,** become a thief.
dieʒen, *sv.* II, resound, roar, rush, 18, 78.
dīhen (*pret.* dēch, *pp.* gedigen), *sv.* I, thrive, 17, 30, 76.
dīn, *pr.* thy, 9. 3, 67.
dinc (-ges), *sn.* thing, affair, 46.
dingen, *wv.* speak, make a contract.
dirre, diser, dise (*neut.* ditze, diz, diʒ; *fem.* disiu), *pr.* this, 68.
diuhen, *wv.* change, remove; press, shove.
diuten, *wv.* intimate, relate, display.
diuwe (diw), *sf.* servant, 48.
dō, do, *av.* and *cj.* then, when, as, 69.
doch, *av.* yet, however, nevertheless.
dol, *sf.* suffering, pain, distress, misery, 48.
doln, *wv.* endure, tolerate, suffer, 90.
dōn, tōn (*pl.* dœne), *sm.* sound, melody, song.
donreslac (-ges), *sm.* thunderclap, lightning.
dorf (*pl.* dörfer), *sn.* village, hamlet, 10.
dorn, *sm.* thorn, 24.
dörperlīch, *aj.* peasant-like, rustic.
dort, *av.* there, yonder.

douwen, döuwen, *wv.* digest, 10.
dræjen (dræn), *wv.* turn, 35, 90.
drāte, *av.* quickly, immediately; alsō drāte, directly, forthwith.
dreschen, *sv.* IV, thrash, 11, 82.
drī (*neut.* driu), *num.* three, 62, 63; drīer hande, of three kinds.
dringen, *sv.* III, press, throng, shoot up, also *sn.*, 81; für sich dringen, press forwards, spread.
dristunt, *av.* thrice.
dritte, drite, *num.* third, 26, 62.
drīvaltic, *aj.* threefold.
drīzic (-ec), *num.* thirty, 62.
drīzëhen, *num.* thirteen, 62.
drīzëhende, *num.* thirteenth, 62.
drīzigeste, *num.* thirtieth, 62.
drouwe (drowe, drō), *sf.* threat, threatening.
drouwen, dröuwen, *wv.* threaten, 3, 10.
drucken, drücken, *wv.* press, 10 note 3, 90.
drūfe = dar ūfe.
drumb(e), *av.* to that end, therefore.
drunder = dar under.
dū, du, *pr.* thou; *gen.* dīn; *dat.* dir; *acc.* dich; *pl. nom.* ir; *gen.* iuwer; *dat.* iu; *acc.* iuch, 65.
dulden, *wv.* endure.
dūme, *wm.* thumb.
dunken, dünken (*pret.* dūhte, *pret. subj.* diuhte), seem, appear, 5, 10 note 2, 11, 29, 91; sich ze nihte dunken, to imagine oneself undone.
dünne, *aj.* thin, 5, 10, 11, 55.
durch (dur), *prep.* through, on account of, for, for the sake of, 34; dur daz, on this account, for that reason, therefore; durch **plates stimme**, for drawing sounds *or* notes from the leaf; for making a whistling sound on the leaf; durch sīnen muot, through his (childish) mind.
durfen, dürfen (*pres. sing.* darf, *pret.* dorfte, *pret. subj.* dörfte), *pret. pres.* need, 16, 93.
dürftige, *wm.* beggar, one in want of help.
dūz = du ëz.

E

ē, ēr, *av.* formerly, rather, sooner, before, 39, 61.
ëben, *aj.* even, 55, 60.
ëbene, *av.* evenly, smoothly, well-fitting, 60.
ecke, *swf.*, *sn.* corner, 31. 3.
edel(e), *aj.* and *av.* noble, 60.
edelinc, *sm.* son of a nobleman, 8.
edeln, *wv.* ennoble.
egen, *wv.* harrow.
egeslīch (eislīch), *aj.* fearful, terrible, 37.
ëht (ĕt, ŏt), *av.* only; even, at any rate, 34.
ei (*pl.* eijer, eiger, eier), *sn.* egg, 35, 47.
ei, *interj.* ah.
eiden, *wv.* take an oath, pledge.
eigen, *aj.* own, 55.
eigen, *sn.* property; ze eigen gëben, present.
eilfte, *aj.* eleventh, 62.
ein, *num.* and *indef. art.* one; a, an, 9. 3, 62, 63; *indef. pr.* one, some one, 71.
einander, *pr.* one another.
eine, *av.* alone.
eines, *av.* once.
einic (-ec), *aj.* only, single.
einlif, einlef (eilif), *num.* eleven, 62.
ei(n)lifte (eilfte), *num.* eleventh, 62.

Glossary

eischen, *sv.* VII, ask, demand.
eislīch, see egeslīch.
eit (-des), *sm.* oath.
element, *sn.* element.
ēlich, *aj.* legal, conjugal.
ellen, *sn.* courage, valour; manliness.
ellenboge, *wm.* elbow.
ellenden, *wv.* go abroad.
ellich, *aj.* universal, constant.
elter, *aj.* older.
eltlīch, *aj.* elderly, old.
emphëlhen, *sv.* III, recommend, 81.
emzekeit, *sf.* activity, diligence, industry.
en, *neg. particle*, generally used before the verb with or without niht after the verb, *not.* en in subordinate sentences with the subjunctive, *unless, if not, except that, when that, that not,* &c.
en = in; shortened form of dën.
enbërn, *sv.* IV, be without a thing, do without.
enbieten, *sv.* II, bid, announce, summon.
enblanden, *sv.* VII, let be painful *or* irksome to.
enblecken, *wv.* make visible, expose.
ende, *sn.* end.
endelīchen, *av.* throughout, entirely.
enden, *wv.* end, finish.
enein = in ein.
enge, *aj.* narrow, 55.
enge, *sf.* narrow place, strait, difficulty.
engel, *sm.* angel, 9. 2, 42.
Engellant, *pn.* England, 54.
engëlten, *sv.* III, pay, requite.
enges(t)līch, *aj.* anxious, timid, dangerous.
enke, *wm.* man who tends the cattle.

enmitten, *av.* in the midst; enmitten dō, during, whilst.
enpfāhen, enpfān, *sv.* VII, accept, receive.
enpfallen, *sv.* VII, pass away, perish.
enpfinden, *sv.* III, perceive, become conscious of.
enpflëgen, *sv.* V, care for, cherish.
enphëlhen, *sv.* III, order, recommend, 81.
entrinnen, *sv.* III, escape.
entsagen, *wv.* free, remove, withdraw.
entseben (-seven), *sv.* VI, perceive, 86.
entsetzen, *wv.* bereave, rob.
entslāfen, *sv.* VII, fall asleep.
en(t)springen, *sv.* III, spring up, shoot up, shoot forth.
entstān, *sv.* VI, understand.
entwër, entwërch, *av.* athwart; perversely.
entwësen, *sv.* V, be without, do without.
entwīchen, *sv.* I, yield, go away.
enwëc, *av.* away.
enzīt, *av.* by times, soon.
enzünden, *wv.* light, kindle.
enzwischen, *prep.* between.
ër, si (sī, siu, sie), ëẓ, *pr.* he, she, it; *gen.* sīn (ës), ir, ës; *dat.* im(e), ir, im(e); *acc.* in, sie (si, sī), ëẓ (iẓ); *pl. nom. acc.* si, sī, sie, *neut.* also siu; *gen.* ir(e); *dat.* in, 65.
ērbære, *aj.* honourable, decent, modest.
erbarmen, *wv.* move to pity.
erbe, *sn.* inherited property, inheritance.
erbeit = arbeit.
erbeiten, *wv.* work, have trouble; *c. gen.* wait for.
erbëlgen, *sv.* III, become angry, grow angry.

erben, *wv.* be hereditary, descend from generation to generation.
erbieten, *sv.* II, show, manifest.
erbīten, *sv.* I, wait.
erbleichen, *wv.* become pale.
erbolgen, *pp.* angered, angry with.
erbürn, *wv.* raise, lift up.
ërde, *wf.* earth, world, 14. 2.
erdenken (*pret.* erdāhte, *pret. subj.* erdæhte), *wv.* think out, devise, contrive.
ërderīch = ërtrīch.
erdiezen, *sv.* II, resound, re-echo.
erdringen, *sv.* III, gain by force.
erdröuwen, *wv.* compel by threats.
ēre, *wf.* honour, renown, 11.
ēren, *wv.* honour.
ērest, ērste, *aj.* first, 59.
ergāhen, *wv.* overtake, go to meet.
ergān, *sv.* VII, come out, happen.
erge, *sf.* wickedness.
ergëben, *sv.* V, submit, devote.
ergetzen, *wv.* cause to forget, compensate.
ergrīfen, *sv.* I, seize.
erhāhen, erhān, *sv.* VII, hang.
erheben, *sv.* VI, raise ; *refl.* rise.
erhœren, *wv.* hear.
erkalten, *wv.* become cold.
erkant, *aj.* known.
erkennelich, *aj.* well-known, renowned.
erkennen (*pret.* -kante, -kande), *wv.* recognize, perceive, understand ; know.
erkiesen, *sv.* II, elect, select, choose.
erklengen, *wv.* make resonant *or* sonorous.
erlāzen, erlān, *sv.* VII, release, forgive.

erlengen, *wv.* lengthen.
erleschen, *sv.* IV, extinguish.
erlīden, *sv.* I, suffer.
erlouben, erlöuben, *wv.* allow, permit, 10.
erlœsen (*pp.* erlōst), *wv.* remove, free, deliver.
ermordern, *wv.* murder.
ern, eren, erren (*pret.* ier, *pp.* gearn), *sv.* VII, till, plough, 87.
ërn = ër ne.
ernern, *wv.* rescue, heal, cure.
erniuwen, *wv.* renew.
ërnst, *sm.* fervour.
errëchen, *sv.* IV, avenge.
ērrer, ērre, ërre, *aj.* former, 59.
erringen, *sv.* III, gain, obtain, get.
erscheinen, *wv.* show, make to appear.
erschëllen, *sv.* III, resound.
erschiezen, *sv.* II, shoot, shoot through, pierce to death.
erschīnen, *sv.* I, appear ; dawn.
erschrëcken, *sv.* IV, frighten, become frightened ; *refl. c. gen.* become frightened at.
erschrīen (*pret.* -schrē), *sv.* I, shriek, cry out.
ersëhen, *sv.* V, see, perceive.
erslahen, erslān, *sv.* VI, slay, kill.
ēr(e)st, ērste, *av.* at first, so soon as, 61.
ērste, *num.* first, 9. 5, 62.
erstërben, *sv.* III, die.
erstrecken (*pret.* erstracte), *wv.* expand, spread out.
ërtrīch (ërderīch), *sn.* earth, world.
ertrinken, *sv.* III, drown, perish.
ervëhten, *sv.* IV, gain by fighting ; with abe and *dat.*: win *or* gain from by fighting.
ervinden, *sv.* III, experience, get to know.

Glossary 181

ervollen, *wv.* become full.
ervröuwen, *wv.* rejoice, make glad.
erwachen, *wv.* awake.
erwecken (*pret.* -wahte), *wv.* waken, awaken.
erweln, *wv.* elect, choose.
erwërben, *sv.* III, reach, attain, acquire, beget.
erwern, *wv.* prevent, hinder.
erwinden, *sv.* III, turn round; be thrown back, be reflected.
erzeigen, *wv.* show, prove.
erziehen, *sv.* II, bring up, educate.
esche, *wf.* ash.
ët, ēt = ëht.
etelīch, eteslīch (etlīch, etslīch), *pr.* many a one, any one; *pl.* some, 71.
etewër, eteswër, *pr.* any or some one; *neut.* etewaʒ, anything, something, 70, 71.
ettewanne (eteswenne, ettewenne), *av.* sometimes.
ēvangēlium, *sn.* gospel.
ēwic, *aj.* everlasting.
ēwiclīchen, *av.* ever, everlastingly.
ëʒ, *pr.* it, 65.
ëʒʒen (*pp.* gëʒʒen), *sv.* V, eat, 9. 7, 19, 20, 23. 1, 28, 83.

F

For f see v.

G

gābe, *sf.* gift.
gabylōt, gabilōt, *sn.* small javelin or dart.
gāch (-hes), *aj.* quick, rapid, 55; gāch wësen (with *dat.* of pers.), be in a hurry; mir ist gāch, I hasten; *gen.* gāhes as *av.*

gadem, *sn.* room, bed-room; house, 46.
gæhe, *aj.* quick, hasty.
gāhelōs, *aj.* fickle, wanton.
gāhen, gæhen, *wv.* hasten, hurry.
Gahmuret, *pn.*, the name of Parzival's father.
galge, *wm.* gallows, scaffold.
galle, *swf.* gall, bitterness, grief.
gan, see gunnen.
gān, gēn, *sv.* VII, go, 87, 95; umbe gān, go or turn round.
ganz, *aj.* whole, entire, complete, 19, 60. 3.
ganzlīche(n), *av.* completely, 60. 3.
gar (-wes), *aj.* ready, prepared, 9. 1, 36, 55.
gar, *av.* fully, entirely, completely.
gart, *sm.* goad, whip.
gartenære, *sm.* gardener, 8.
gast (*pl.* geste), stranger, guest, 3, 5, 10, 11, 44.
gearbeiten, *wv.* work.
gebærde, *sf.* countenance.
gebāren, *wv.* behave, conduct oneself.
gëbe, *sf.* gift, 7, 48.
gebeine, *sn.* bones, remains.
gëben, *sv.* V, give, grant, 5, 12, 14. 2, 25, 28, 33, 83.
gëben, *pp.* = gegëben.
gebende, *sn.* head-dress.
gebët, *sn.* prayer.
gebieten, *sv.* II, order, command.
gebot, *sn.* command, order, commandment.
gebrëchen = brëchen.
gebreste, *wm.* defect, waste.
gebresten = bresten.
gebüeʒen, *wv.* atone for, improve.
gebūre, *wm.* peasant, citizen.
geburt, *sf.* birth, noble birth.

gedagen, *wv.* keep silent.
gedanc, *sm.* thought, 44.
gedanken = danken.
gedenken (*pret.* ·dāhte), *wv.* think, intend, strive; bear in mind, remember.
gedienen, *wv.* earn, deserve, obtain.
gedīhen (gedīen), *sv.* I, thrive, speed well, advance.
gedinge, *wm.* or *sfn.* hope, confidence; thought; contract.
gedingen, *wv.* negotiate.
gedranc (·ges), *sm.* thronging, crowd.
gedulde, gedult, *sf.* patience.
gedultechīchen, *av.* patiently.
gedultic (-ec), *aj.* patient, indulgent, 10 note 1.
gedultikeit, *sf.* patience.
geenden, *wv.* end, finish.
gefüege, *aj.* befitting, suitable, seemly.
gefuoge, *sf.* fitness, good breeding.
gegān = gān.
gegëben = gëben.
gëgen (gein), *prep.* against, opposite to, towards, to; at, for, 37.
gegihte, *sn.* gout, cramp.
gegrüezen, *wv.* greet, salute.
gehaben (*refl.*), *wv.* be, fare, feel.
geheizen, *sv.* VII, promise; call, name.
gehëlfen = hëlfen.
gehenge, *sf.* permission.
gehiure, *aj.* lovely, charming, gracious.
gehœnen, *wv.* dishonour, abuse, revile, curse.
gehœren, *wv.* hear.
gehōrsam(e), *sf.* obedience.
geil, *aj.* joyous, joyful, gay.
geist, *sm.* spirit, mind, ghost.
gəjegede, *sn.* hunt.

geklopfen, *wv.* knock.
gël (·wes), *aj.* yellow, 55.
gelāz, *snm.* formation, figure, shape.
gelëben, *wv.* live, live to see.
geleischiert, *pp.* with or having the reins of the horse slack; see leischieren.
geleisten = leisten.
geleit = geleget.
geleite, *sn.* protection, retinue; *wm.* attendant, companion.
gëlf (gëlph), *aj.* shining; merry, insolent.
gelīch (glīch), *aj.* like, same, straight, even, 9. 7; *av.* gelīche, equally, in like manner.
gelīchen, *refl. wv.* be like, be equal; resemble.
gelieben, *wv.* love, make dear, please.
geligen, *sv.* V, succumb, be ruined.
gelimpfen, *wv.* be meet, 23. 2.
gelingen, *sv.* III, succeed, 81; mir gelingt wol, I have good success.
gelit, glit (·des), *sn.* member, 9. 7.
geloube, *wm.* faith.
gelouben, gelöuben, *wv.* believe, think, 10, 33, 90.
gëlt (·des), *sn.* money.
gëlten, *sv.* III, pay, requite; procure, 9. 4 note, 81.
gelücke, *sn.* good fortune, happiness.
gelust, *sm.* wish, desire; joy, pleasure.
gemach, *smn.*, rest, ease; bedroom.
gemachen, *wv.* make.
gemahele, *wf.* bride.
gemeine, *aj.* common, familiar.
gemeit, *aj.* happy, joyful.
gemēren, *wv.* increase.
gemīden, *sv.* I, avoid, keep at a distance.

Glossary

gemīten, *sv.* I, shun, avoid.
gemüete, *sn.* disposition, desire, longing; heart.
gemuot, *aj.* minded, disposed, inclined.
genāde, gnāde, *sf.* grace, favour, kindness, 9. 7; in addressing a person: be gracious; genāde sagen, thank; ūf genāde, graciously.
genādelōs, *aj.* unhappy, without grace.
genāden, *wv.* to thank.
genædic, *aj.* gracious, merciful.
genæme, *aj.* beloved, dear, pleasant.
genanne, gnanne, *wm.* namesake, 9. 7.
genësen, *sv.* V, recover, become well *or* free, 30, 83.
genieten, *wv. refl.* rejoice, be glad, become satisfied with.
geniezen, *sv.* II *c. gen.*, enjoy, have advantage of; make use of, use as food.
genisbære, *aj.* healable, curable.
genislīch, *aj.* healable, curable.
genist, *sf.* recovery.
genōz, *sm.* companion.
genōzen (hin ze), *wv.* compare, compare with.
genüegen, *wv.* be sufficient, suffice; mich genüeget dës, that is enough for me.
genuoc, gnuoc, *aj.* and *av.* enough, 9. 7; *pl.* many; as *indecl. sb.* with *gen.* enough.
genüogen = genüegen.
gequeln, *wv.* plague, torment.
gër, gir, *sf.* longing, eager desire.
gerāde, grāde, *aj.* quick, 9. 7.
gerāten (*pret.* -riet), *sv.* VII, advise; come at; prosper, thrive, succeed.
gerëch, grëch, *aj.* straight, 9. 7.

gerich, *sm.* revenge, vengeance.
gerihte, *sn.* jurisdiction.
gerinclīchen, *av.* small, easily.
geringen, *sv.* III, struggle, strive.
geriute, *sn.* arable land.
geriuwen, *wv.* repent, lament.
gërn (with *gen.* and *dat.*), *wv.* long for, yearn for, desire, want, hanker after.
gërne, *av.* willingly, gladly.
gerte, *swf.* rod.
gerūmen, *wv.* leave, make room.
geruochen, *wv.* be pleased, hold good for.
gesagen, *wv.* say, tell.
geschaffen, *sv.* VI, provide, care for, create.
geschaft, *sf.* creature, 28.
geschëhen, *sv.* V, happen. fall to one's lot *or* share, 19, 34, 83.
geschiht, *sf.* occurrence, event.
geschlähte, *sn.* race, generation, 10.
gesëgen, *wv.* bless.
gesëhen = sëhen.
geselle, *wm.* companion.
geselleschaft, *sf.* company.
gesīn = sīn.
gesinde, *sn.* retinue; *wm.* retainer.
gesingen = singen.
gesitzen = sitzen.
gesmac, *sm.* taste, smell.
gesorgen, *wv.* trouble oneself; fear, dread.
gespile, *wm.* play-mate, comrade.
gesprëchen = sprëchen.
gestān, *sv.* VI, remain.
gesteine, *sn.* precious stones.
gestern, *av.* yesterday.
gestrīten, *sv.* I, quarrel, fight, strive.
gesūmen, *wv.* stay, delay, let one wait.

gesunde (gesunt), *aj.* healthy, alive.
gesunt, *sm.* health.
gesweigen, *wv.* bring to silence.
geswichen, *sv.* I, weary, tire; leave in the lurch.
getar = **tar,** see **turren.**
getragen = **tragen.**
getriulich, *aj.* through, owing to faithfulness.
getriuten, *wv.* love, like, be fond of.
getriuwe, *aj.* faithful, good.
getriuwen, getrūwen, *wv.* trust, confide in.
getrœsten, *wv. refl.* bear with patience, forget.
getrūren, *wv.* mourn, grieve, be downcast.
getrūwen, see **getriuwen.**
getuon = **tuon.**
geturren, *pret. pres.* dare, venture.
getweln, *wv.* dwell, stay.
gevallen, *sv.* VII, fall to one's lot, please.
gevangen(e), *wm.* prisoner, 50.
gevar, *aj.* having colour.
gevarn, *sv.* VI, go, travel; **wol gevarn,** make a successful journey.
gevolgen, *wv.* obey.
gevüege, gefüege, *aj.* courteous, well-bred.
gewæte, *sn.* clothing.
gewāhenen, *sv.* VI, mention, 86.
gewalt, *smf.* power, might, command.
gewalteclich, *aj.* violent, mighty; *av.* **gewaltecliche.**
gewaltic, *aj.* powerful, mighty.
gewant, *sn.* clothing.
gewant (*pp.* of **wenden**), conditioned, circumstanced; so **gewante sache,** of such a nature; **ëʒ ist also gewant,** it is important; **ëʒ ist niht also gewant,** the matter is not so.
gewar(e), *aj.* sensible, mindful.
geweinen, *wv.* weep, cry.
gewenen, *wv.* accustom.
gewenken, *wv.* waver, vacillate; bend, turn.
gewërbe, *sn.* activity.
gewërn, *wv.* perceive, perform.
gewërren, *sv.* III, be troublesome, hinder.
gewin (-nnes), *sm.* gain, advantage.
gewinnen, *sv.* III, get, gain, obtain, receive, 81; **für sich gewinnen,** get for oneself.
gewis (-sses), *aj.* certain, sure, 31.
gewisse, *av.* surely, truly, certainly.
gewonheit, *sf.* custom.
gewürme, *sn.* worm, insect; reptile, creeping creature.
gezëmen, *sv.* IV, become, beseem; **mich gezimt dës,** that pleases me.
gezierde, *sf.* adornment.
gezwicken, *wv.* pinch, pull, pluck.
gieʒen, *sv.* II, pour, 28, 78.
gift, *sf.* gift, 28.
giht, *third pers. sing.* of **jëhen.**
gir, see **gër.**
gīst = **gibest,** 37.
gīt = **gibet,** 37.
glast, *sm.* splendour.
glīchnisse, *sn.* parable.
glocke, *sf.* bell.
gnanne, see **genanne.**
golt, *sn.* gold, 3, 15.
got, *sm.* God, 5, 10, 11.
gotelīch, *aj.* divine.
goteshūs, *sn.* church, monastery.
gotheit, *sf.* godhead.

Glossary

götinne, *sf.* goddess, 5, 10.
gotvar (·wes), *aj.* godlike, divine.
gouch, *sm.* cuckoo; fool.
grā (·wes), *aj.* grey, 55.
graben, *sv.* VII, dig, 10, 12, 85.
gram, *aj.* hostile.
grap (·bes), *sn.* grave, 46.
gras, *sn.* grass.
grīfen, *sv.* I, seize, grasp, touch, feel.
grim (·mmes), *sm.* rage, fury.
grimme (grimmic), *aj.* fearful, angry; great.
grimmen, *sv.* III, rage.
grīs (grīse), *aj.* grey, old, 55.
grœzlich, *aj.* great.
grœzlīchen, *av.* greatly, very.
grōz, *aj.* great, large, 9. 2, 57.
grüen(e), *aj.* green, 5, 10, 55.
grüezen, *wv.* greet, 39; also *sn.*
grunt (·des), *sm.* bottom.
gruoz, *sm.* greeting, salutation.
güete, *sf.* goodness, kindness, 5, 10.
güetlich, *aj.* friendly; *av.* güetlīchen.
gugel, *sf.* cowl; cape, hood.
guldīn, *aj.* golden, 3, 15.
gunēren, *wv.* dishonour, disgrace.
gunnen, günnen (*pres. sing.* gan; *pret.* gunde, *pret. subj.* gunde, günde), *pret. pres.* grant, bestow, not to grudge, 9. 7, 93.
guot, *aj.* good, 9. 2, 25, 55, 58; daʒ guot, wealth, property; ze guote, to the good.
gürtel, *sm.* girdle, belt, sash.
güsse, *sf.* inundation, 28.
gütinne, *sf.* goddess, 48.

H

habe, *sf.* possession.
habedanc, *sm.* thanks with words.
haben (hān), *wv.* have, hold, 3, 99; haben sich an dër witze kraft, collect all one's wits together.
hacken, *sm.* hook, fetter; footprint.
haft, *sm.* bond, fetter.
hagel, *sm.* hail; misfortune, destruction.
Hagene, *pn.*, 54.
hāhen (hān), *sv.* VII, hang, 29, 30, 38, 87.
halde, *wf.* slope, declivity.
halm, *sm.* blade, stalk.
halp (-bes), *aj.* half.
halsen, *sv.* VII, embrace, 87.
halten (halden), *sv.* VII, hold, keep; stop, keep from, 5, 10, 11, 40, 87.
hān, see haben.
handeln, *wv.* do, perform.
handelunge, *sf.* action, 8.
han(e), *wm.* cock, 9. 4, 31. 3.
hant (*pl.* hende), hand, 49.
hār, *sn.* hair.
hārbant, *sn.* head-band.
harnasch, *smn.* harness.
harpfen, *wv.* play the harp.
hart, *aj.* hard, 19.
harte, *av.* very, very great, 60; *comp.* harter, more; more seriously.
hase, *wm.* hare, 7, 30.
haʒ, *sm.* hate, hatred, enmity; indignation, anger, wrath, 19.
haʒlīch, *aj.* full of hate, hostile.
haʒʒen, *wv.* hate.
heben (heven), *sv.* VI, raise, 30, 86; sich (an) heben, betake oneself, begin.
hei, *interj.* an exclamation of joy, grief, or wonder.

heide, *sf.* heath, uncultivated land; meadow.
heiden, *sm.* heathen, 9. 2.
heil, *sn.* happiness, welfare, good fortune.
heilant, *sm.* Saviour, 8.
heilic (-ec), holy, 7, 8, 55.
heiliggeist, *sm.* holy ghost.
heim, *smn.* home; **heime,** *av.* at home.
heimlīch (-lich), *aj.* homely, familiar.
heimsuochen, *wv.* visit; attack with evil intent.
heimsuochunge, *sf.* disturbance of domestic peace and security.
heimvart, *sf.* homeward journey.
heiȝ, *aj.* hot, 31. 3.
heiȝen, *sv.* VII, call, be called, named; bid, 11, 17, 23. 1, 87.
hël (-lles), *aj.* resounding.
hëlfe, *sf.* help.
hëlfen, *sv.* III, help, 3, 11, 12, 14. 2, 15, 23. 2, 81.
helle, *sf.* hell.
hellemōr, *sm.* devil.
hellenōt, *sf.* necessity of hell.
helm, *sm.* helm, helmet, 11.
helme, *wm.* warrior.
hëln (with double *acc.*), *sv.* IV, hide, conceal.
helt (*gen.* **heldes, heledes**), *sm.* hero, protector, brave warrior.
hemede, hemde, *sn.* shirt.
hendelinc (-ges), *sm.* glove, 8.
hengen, *wv.* hang, 30.
henne, *swf.* hen, 31. 3.
hēr, hēre, *aj.* and *av.* high, proud, haughty, agreeable, 55.
her, *sn.* army, host.
hër(e), *av.* hither, this way.
herbërge, *sf.* lodging.
hērlīch, *aj.* agreeable, distinguished; *av.* **hērlīchen.**

hērre, hërre, hër, *wm.* master, lord, 9. 3, 9. 6.
hërren, *wv.* to make as master.
hērsen, hërsen, *wv.* rule, govern, 9. 2.
herte (**hart**), *aj.* hard, difficult, 60; *av.* **harte** (**herte**), 60.
hërze, *wn.* heart, 7, 19, 23. 2, 50, 52.
hërzeleit, *sn.* heart-sore, grief.
hërzelīch, *aj.* dear, affectionate.
hërzeliep, *sn.* heart's joy.
Hërzeloyde, *pn.* the name of Parzival's mother.
hërzenlīch, *aj.* hearty, dear, affectionate; *av.* **hërzenlīchen.**
hërzeriuwe, *sf.* great grief, sadness of heart, pain.
hërzesēre, *sf.* great sorrow, grief.
heven, see **heben.**
hey, *interj.* hey!
hie, hier, *av.* here, 5, 11, 39; **hie bī,** herewith, hereby; **hie vor(e),** formerly, in former times.
hierunder, *av.* hereunder, 39.
himel, *sm.* heaven, sky.
himelisch, *aj.* heavenly, 8.
himelkrōne, *sf.* heavenly crown.
himelrīch, *sn.* kingdom of heaven.
hin, hinnen, *av.* from here, hence, away; **hin für,** without, out of doors; **hin heim,** away home.
hinder, *aj.* hinder; *prep.* behind, 59.
hindernisse, *snf.* hindrance, 8.
hinderste, *aj.* hindmost, 59.
hīnte, hīnt, hīnaht, *av.* to-night, 34.
hīrāt, *sm.* marrying, marriage.
hirte, *sm.* shepherd, 3, 43.
hirtelōs, *aj.* shepherdless.

Glossary

hirz (OHG. hiruz) beside hirz (OHG. hirz), *sm.* stag.
hitze, *sf.* heat, warmth, 31. 3.
hiute, *av.* to-day; hiute morgen, this morning.
hōch (*comp.* hœher, *superl.* hœhst, hōhst), *aj.* high, 5, 10, 11, 19, 34, 57, 60.
hōchgeborn, *aj.* of gentle birth; noble.
hōchgemuot, *aj.* noble, high-minded; lofty, proud; joyful, in high spirits.
hōchgezīt, *sfn.* festival, feast, highest joy.
hōchmuot, *sm.* consciousness, pride, well-being.
hōchvart, *sf.* pride, haughtiness.
hǣne, *aj.* haughty; contemptible.
hœnen, *wv.* dishonour, calumniate.
hæren, *wv.* hear; be requisite, be necessary, require; listen; belong to, 5, 10, 11, 90.
hof (-ves), *sm.* court, 19, 30, 33, 42.
hogen, *wv.* think, consider.
hōhe, hō, *av.* highly, 60.
hōhgemüete, *sn.* joyousness, joyfulness.
hol, *aj.* hollow, 55.
holn, *wv.* fetch; tiefen siuft holn, sigh deeply.
holt (-des), *aj.* kind, affectionate, well-disposed.
holz, *sn.* wood, 19.
honic, honec (-ges), *smn.* honey, 29.
hornunc (-ges), *sm.* February; frost; chilblain.
houbet, *sn.* head, 5, 10.
houwen, *sv.* VII, hew, 36, 87.
hovelīch, *aj.* courtly, courtlike.
hovelīchen, *av.* courtly, in the manner of the court.

hübesch, *aj.* noble, courtly, chivalrous, 30.
hüeten, *wv.* protect, shield, hold, keep, guard.
huge, *sm.* thought, 43.
hügen, *wv.* consider, 15.
hulde, *sf.* grace, favour, kindness, permission, 10 note 1.
hundertste, *num.* hundredth, 62.
hundertstunt, *num.* hundred times.
hunger, *sm.* hunger.
hunt, hundert, *num.* hundred, 62, 64.
huobe, *sf.* a piece (hide) of land.
huofslac (*dat. pl.* huofslegen), *sm.* horseshoe.
huon (*pl.* hüener), *sn.* hen, 47.
huote, *sf.* care, guardianship.
hupfen, hüpfen, *wv.* hop, 10 note 3.
hūs (*pl.* hiuser), *sn.* house, 3, 5, 10, 11, 33.
hūt (*dat. pl.* hiuten), *sf.* skin, hide.

I

ich, *pr.* I, 23, 65.
ie, *av.* ever.
iedoch, *av.* however.
iegelīch, iegeslīch (ieglīch, ieslīch), *pr.* each, 71.
ieman, iemen, *pr.* anyone, no one, someone, somebody, 71.
iemer, immer, *av.* ever, always, at any time, never.
ietwëder, *pr. aj.* each of two, 71.
iewëder, *pr.* each, 71.
iewelīch, *pr.* each, 71.
iewiht, *pr.* anything, 71.
iezuo, *av.* now, directly.
iht, *pr.* anything; *av.* not, 71.
īlen, *wv.* hasten.
Imāne, *fpn.*
in, *prep.* in, into.
in, *pr. acc.* him.

īn, in, *av.* in, into, from out here.
in, ine = ich ne, I not.
i'n = ich in.
ingesinde, *sn.* household, family; followers.
inme, imme = in dëme.
inneclīch, *aj.* inward; *av.* inneclīchen, at heart.
innen, inne, *av.* within, inwardly; inne bringen, observe, let understand, convince; inne wërden, hear of, learn of.
ir, *pr.* her, their, ye, 71.
irdenisch, *aj.* earthly.
irdīn, *aj.* earthen, 14. 2.
irdisch, *aj.* earthly, 8.
irre, *aj.* astray; dës rīches irre, astray in regard to the kingdom.
irren, *wv.* put out, confound, hinder, interrupt, stop.
irs = ir ës.
īser, *sn.* iron, iron weapon, armour.
iuwer (iwer), *pr.* your, 67.
iʒ = ëʒ, 65 note 1.

J

jā, *interj.* forsooth.
jæmerlīch, *aj.* pitiable, sad, sorrowful; *av.* jæmerlīche(n).
jagen, *wv.* pursue, follow, hunt.
jāmer, *sm.* grief, pain; jāmers balt, courageous in grief.
jāmerhaft, *aj.* painful, sorrowful.
jār, *sn.* year; age, 19.
jëhen, *sv.* V, say, speak; assure, grant, concede, 35, 83.
jener, *pr.* that, 68.
jenhalp, *av.* on that side, the other side.
jësen, *sv.* V, ferment, 35, 83.
jëten, *sv.* V, weed, 35.

joch, *av.* and *conj.* also, even, yet.
jude, *wm.* Jew.
jugent, *sf.* youth, 49.
ǰunc (·ges), *aj.* young, 19, 57.
juncfrouwe, *wf.* maiden.
junchērre, *wm.* young sir.
junger, *sm.* disciple.

K

kal (·wes), *aj.* bald, 55.
kāle, see quāle, 36.
kalp (*pl.* kälber), *sn.* calf, 47.
kalt, *aj.* cold.
kälte, *sf.* coldness, 11.
kamerære, *sm.* chamberlain, guard of the treasure, *or* bedroom.
kampflīch, *aj.* warlike.
kapfen, *wv.* stare, gape, look on with astonishment.
Karnahkarnanz, Karnachkarnanz, *pn.* Count of Unterlec.
kastelān, *sn.* Castilian horse.
këc, see quëc.
kein, *pr.* no, none, 71.
keiser, *sm.* emperor.
keiserlīch, *aj.* imperial.
kelberīn, *aj.* of a calf.
kemenāte, *sf.* room, bed-room.
kennen, *wv.* know, 90.
kēren, *wv.* turn, go, 90; sich kēren, turn; ze gote kēren, apply to God's service.
kerze, kërze, *wf.* candle.
kiesen, *sv.* II, test, try, choose, elect, 5, 11, 18, 30, 33, 78.
kil, *sm.* quill, 9. 1, 42.
kindelīn, *sn.* little child, 8.
kindisch, *aj.* childish, 8.
kinne, ·*sn.* chin.
kint (·des), *sn.* child, 33.
kintlīch, *aj.* childish.
kirchhof, *sm.* churchyard.
kīt = quīt, 36.

Glossary

kiusch(e), *aj.* chaste, modest, pure, spotless; maidenly.
kiuwen, *sv.* II, chew, 16 note, 36, 79.
klage, *sf.* complaint, lamentation.
klagen, *wv.* complain, bewail, 92; **klagedeʒ hërze,** mournful heart.
klār, *aj.* clear, bright, beautiful, pure.
klē (-wes), *sm.* clover, trefoil.
klëben, *wv.* stick, 92.
kleiden, *wv.* clothe, dress.
klein(e), *aj.* little, neat, insignificant; *av.* **kleine.**
kleit (*pl.* **kleit** or **kleider**), *sn.* dress.
klieben, *sv.* II, cleave, 18, 78.
klingen, *sv.* III, ring, toll.
klōsenære, *sm.* hermit, recluse.
klōster, *sn.* cloister, monastery.
klūs, *sf.* cell, hermitage.
knabe, *wm.* boy, youth, 31. 1.
knappe, *wm.* a youth who has not yet become a knight, 31. 1.
knëht, *sm.* boy, candidate for knighthood, attendant; warrior.
knëten, *sv.* V, knead, 83.
knie (*gen.* **kniewes**), *sn.* knee, 3, 23. 2, 36, 46.
komen, *sv.* IV (*pres.* **kume, kum;** *pret.* **quam, kom;** *pret. subj.* **quæme,** *pp.* **komen**), come, 36, 82.
kopf, *sm.* head.
kōr, *sm.* choir.
korder, körder, see **quërder,** 36.
korn, *sn.* corn, 23. 2.
korp (-bes), *sm.* basket.
koufen, köufen, *wv.* buy, acquire; earn, 10, 90.
krā, krāwe, *sf.* crow.
kraft, *sf.* strength, might; multitude.

kranc, *sm.* weakness.
kranc, *aj.* impotent, weak; little; worthless.
kranz, *sm.* garland, wreath.
krēatiure, krēatūr(e), *sf.* creature.
kreftic, *aj.* strong, powerful.
kriec (-ges), *sm.* resistance, strife, quarrel.
kriechen, *sv.* II, creep, crawl, 78.
Kriemhilt, *pn.* 54.
krippe (kribbe), *swf.*, manger (cradle), crib, 26.
Krist, *sm.* Christ.
kristen, *aj.* and *sb.* christian.
kristenheit, *sf.* christianity, christian faith.
kriuze, *sn.* cross.
krœnen, *wv.* crown, adorn.
krōne, *swf.* crown.
kuchen, küchen, *sf.* kitchen, 10 note 3.
küele, *aj.* cool.
küen(e), *aj.* bold, warlike.
kumber, *sm.* grief, trouble.
kumberlīche, *av.* with grief, with oppression.
kumbersal, *sn.* distress, 8.
kūme, *av.* scarcely, hardly.
künde, *sf.* acquaintance, knowledge; **künde haben** (with *gen.*), know.
kunde, see **künnen.**
künden, *wv.* announce, promise.
kündic, *aj.* known.
küneclīch, *aj.* kingly, royal.
künic (-ec), *sm.* king, 7, 8, 29.
künne, race, generation; relationship, 7, 10, 46.
kün(n)egin(ne), künegīn, *sf.* queen, king's daughter, 8, 48.
künnen, kunnen (*pret.* **kunde, konde**), *pret. pres.* know, understand, can, 93.
kunst, *sf.* art, skill, 19.
kunt (-des), *aj.* known.

kuo (*pl.* küeje, kücwe), *sf.* cow, 49.
kupfer, *sn.* copper, 31. 2.
kurz, *aj.* short, small; vor kurzer stunt, recently.
kurzewīle, *sf.* pastime, entertainment.
kus (-sses), *smn.* kiss, 32. 1.
küssen, *wv.* kiss, 20, 32. 2, 90.

L

lā, *imperative* of **lāzen**, q.v.
lachen, *wv.* laugh, laugh at; also *sn.*
laden, *sv.* VI, load, 85.
laden, *wv.* invite, 92.
lære, *aj.* empty, 3, 5, 10, 11, 55.
Lähelīn, *mpn.*
lam, *aj.* lame, weak in the limbs.
lamp (*pl.* lember), lamb, 5, 10, 11, 33, 47.
lān, see **lāzen**.
lanc, *aj.* long, 10, 60; *av.* **lange**, 60.
lanclëben, *sn.* long life.
lanclīp, *sm.* long life.
lant (-des), *sn.* land, country.
lantliut, *sn.* country folk, vassalage; *pl.* inhabitants.
lantrëhtbuoch, *sn.* book of common *or* land laws.
lantsæze, *wm.* freeholder.
last, *sm.* burden.
laster, *sn.* ignominy, disgrace.
laz (-zzes), *aj.* feeble, languid, faint, exhausted; weary.
lāzen, lān, *sv.* VII, let, leave, give up; stop, avoid, 87, 99; lān niht ze wē sīn, not to worry too much; lāzen sīn, cease, stop; lā stān, cease! stop!
lëben, *wv.* live, cause to live, 92.
lëben, *sn.* life.
lëbendic (-ec), *aj.* living, alive.

legen (leggen, lecken), *wv.* lay, place, put, 31. 3, 92; arbeit dar an legen, expend much trouble on a thing.
leh (= le or li) cons, Count.
lēhen, *sn.* feudal tenure, loan, fee, feod.
leich, *sm.* song consisting of strophes of unequal length.
leide, *av.* painfully, sorrowfully; *comp.* **leider**, greater pain, grief, trouble.
leiden, *wv.* be repugnant, odious, *or* offensive; render disagreeable, do harm; mir leidet ëz, it is repugnant to me.
leider, *av.* and *interj.* unfortunately, alas!
leie, *wm.* layman.
leischieren, *wv.* give a horse its head.
leisten (*pret. subj.* leiste = leistete), *wv.* follow the trace of, follow, perceive; leisten geselleschaft, accompany.
leit (-des), *aj.* sorrowful, bitter, painful, disagreeable; hateful, vexatious.
leit (-des), *sn.* grief, pain.
leit = leget, 37.
leiten (*pret.* leite), *wv.* to lead, 5, 11, 30, 32. 4, 90.
leitestërne, *wm.* loadstar.
lenge, *sf.* length, 10.
lēre, *sf.* teaching, instruction, precept, guidance, advice; saying.
lēren (lērn), *wv.* teach, 5, 11, 17.
lërnen, *wv.* learn.
leschen, *sv.* IV, be extinguished, go out, 11, 82.
leschen, *wv.* extinguish, put out.
lësen, *sv.* V, gather, read, 33, 83.
leste, *aj.* last, 9. 5, 23. 1.

Glossary

lesterlīch, *aj.* disgraceful, ignominious.
letzen, *wv.* injure, prejudice; forsake.
lezzeste, leste, *aj.* last, 59.
līden, *sv.* I, suffer, endure, 30, 76.
liebe, *sf.* love, joy.
lieben, *wv.* give pleasure, gladden; present with.
liegen, *sv.* II, lie, tell a lie, 5, 78.
lieht, *sn.* light, 16.
lieht, *aj.* bright; *av.* liehte.
liep (-bes), *aj.* dear, pleasant, friendly, 5, 11; *sn.* what is lovable; dearest joy; lover.
liet (-des), *sn.* song, poem.
ligen (liggen, licken), *sv.* V, lie, lie down, 14. 2, 31. 3, 84.
līhen, *sv.* I, lend, 12, 76.
līhte, *aj.* light, easy, worthless; *av.* easily, perhaps; līhte noch, still now-a-days.
lin, line, *swf.* window with balcony.
linde, *wf.* linden-tree.
līp (-bes), *sm.* life, body, person, 33.
list, *sm.* prudence, wisdom, advice; means, art; artfulness, cunning.
līst = liges(t), 37.
lit (-des), *sn.* limb, member.
līt = liget, 37.
liuhten, *wv.* light, shine, shed lustre, 16.
liut, *sn.* folk, people, army, 5, 11.
liuten, *wv.* ring.
liuterlīch, *av.* expressly, quite, entirely.
Liutpolt, *pn.* Leopold of Austria.
lobelīch, *aj.* praiseworthy.
loben, *wv.* praise, 92.
lobesam, *aj.* praiseworthy, glorious.

loch (*pl.* löcher), *sn.* hole, 5, 10, 31. 3.
lœsen, *wv.* loose, 33, 90.
lōn, *sm.* pay, reward.
lōnen, *wv.* reward.
lop (-bes), *smn.* praise, glorification; price.
lōsen, *wv.* be rid, released of; hin ze einem lōsen, flatter.
lōt, *sn.* weight.
löufel, *sm.* runner, 5, 10.
loufen, *sv.* VII, run, 5, 11,87.
lougen, *sn.* a denying, denial; āne lougen, truly.
loup (*pl.* löuber), *sn.* foliage, leaf, 5, 10, 11.
lūchen, *sv.* II, shut, 80.
lücke, *swf.* gap, hole, 31. 3.
luft, *smf.* air, firmament.
luoder, *sn.* bait, 46.
lūt, *aj.* loud; lūt wĕrden (*c. gen.*), give to understand, mention, be heard.
lūte, *av.* aloud, loudly.
lūter, *aj.* clear, bright, 9. 2 ; *av.* lūterlīche.
lützel, *aj.* and *av.* little, small, 31. 2, 58; lützel ieman, nobody, no one; as *indecl. sb.* with *gen.*, little.

M

mac, see mügen.
māc (-ges), *sm.* relation.
machen, *wv.* make.
mære, *sn.* story, tidings, report.
mære, *aj.* known, renowned, 10.
magedīn, *sn.* maid, maiden, 8.
magen, megen, see mugen.
maget (*pl.* mägede, megde), *sf.* girl, maiden, 5, 10, 37, 49.
maht (*pl.* mähte), *sf.* strength, power, might, 5, 11.
mahtu = maht dū.
mālen, *wv.* paint, draw.
maln, *sv* VI, grind, 85.

Glossary

man, *sm.* man, 3, 32. 1, 45; *pr.* one, 71.
manbære, *aj.* marriageable.
māne, *wm.* moon.
manen, *wv.* urge on, remind, admonish.
manic, manec (manc), *aj.* many, much, 8; *pr.* many a, 71; maneger hande, slahte, *or* leie, in many ways, manifoldly; maneger vil, very many.
manicvalt, *aj.* manifold, variegated.
manlīch, *aj.* manly, brave, 5, 10.
mantel, *sm.* mantle, 42.
manunge, *sf.* exhortation, admonition.
marc, *sf.* half pound of gold *or* silver.
marder, *sm.* marten; skin of a marten.
market, *sm.* market, 9. 2.
marter, *sf.* martyr; torture.
māʒe, *sf.* measure, manner; moderation, propriety, fitness; ze einer māʒe, little, moderate; ze māʒe, fairly, sufficiently; ze rëhter māʒe, to the right length.
mē, mēre, *aj.* and *av.* more, further, 5, 17, 39, 61; as *indecl. sb.* with *gen.* more.
meie, *wm.* May; spring of the year, 35.
meien, *wv.* become May; be joyful, make merry.
meier (meiger), *sm.* farmer.
meierin, *sf.* farmer's wife.
meinen, *wv.* mean, mean well, have in view; cause.
meist, meiste, *aj.* and *av.* most, greatest, 58, 61.
meister, *sm.* master.
meisterschaft, *sf.* skill in an art, mastery, order.
meit = maget, 37.

meiʒen, *sv.* VII, cut, 87.
mël (-wes), *sn.* meal, 36, 46.
mëlden, *wv.* announce, make known; betray.
mëldunge, *sf.* announcement, 8.
Meljahkanz, *pn.*
mëlken, *sv.* III, milk.
mensch(e), *wsmn.* man ('homo').
menschenbluot, *sn.* human blood.
menschlich, *aj.* human.
mer, *sn.* sea.
mēre, see mē.
mēren, *wv.* increase.
mērer, mēr(r)e, *aj.* more, 58.
merken (*pret.* marhte), *wv.* observe, perceive, understand.
merze, *wm.* March.
mësse, *sf.* mass; mëssezīt, *sf.* time for mass.
mëte, *sm.* mead, 43.
mettīne, *sf.* matins, primes.
mëʒʒen, *sv.* V, measure, 32. 1, 32. 4, 83.
mëʒʒer, *sn.* knife.
michel, *aj.* great; michels, *av.* by far, 55, 58.
mīden, *sv.* I, avoid, shun, do without, 30, 76.
miete, *sf.* pay, reward, present, 5, 11.
milch, *sf.* milk, 9. 1.
milt (-des), *aj.* generous; *av.* miltlīche, miltelīche.
milte, *aj.* generous, bounteous.
milte, *sf.* liberality, generosity; grace, favour.
min, *av.* less, 61.
mīn, *pr.* my, 67.
minne, *sf.* love; loving memory, remembrance.
minneclīch, *aj.* dear, lovely, loving, kind.
minnen, *wv.* love, value, 92.
minner, minre, min, *aj.* and

Glossary

av. less, 9. 3, 57, 58; as *indecl. sb.* with *gen.* less.
minnest, min(ne)ste, *aj.* and *av.* least, 9. 5, 57, 58, 61.
mirs = mir ës.
miselsuht, *sf.* leprosy.
mislīch, *aj.* sundry, uneven, different.
misselingen, *sv.* III, not to succeed.
missesagen, *wv.* deceive, lie.
missetāt, *sf.* misdeed, offence.
missewende, *sf.* mistake, fault, blot.
mist, *sm.* dung, dirt.
mit, mite, *prep.* and *av.* with, by, through, 9. 6; **mit sorgen,** sorrowfully; **mit triuwen,** faithful, faithfully; **mit willen,** gladly, willingly; **mit witze,** reasonably, sensibly, cleverly, prudently, wisely; **mit zühten,** politely.
mitte, *aj.* middle; *av.* **mitten.**
morgen (morne), *sm.* morning, 42; **dës morgens,** in the morning.
mortlīch, *aj.* murderous; *av.* **mortlīche.**
mortmeile, *aj.* blood-stained, blood-guilty.
motte, *swf.* moth, 24.
müedinc, *sm.* unhappy man, 8.
müelīch, *aj.* and *av.* painful, troublesome.
müen (müejen, müewen), *wv.* torment, trouble, distress, grieve, 35, 90.
müeterlīch, *aj.* motherly.
müeterlīn, *sn.* little mother, 10.
müezen, *pret.-pres.* (*pres. sing.* **muoz,** *pret.* **muoste, muose**), must, 28, 93.
müezic, *aj.* idle, at leisure.
müg(e)lich, *aj.* possible.
mügen, mugen, magen, megen (*pres. sing.* **mac,** *pret.* **mohte,** *pret. subj.* **möhte**), *pret.-pres.* may, can, 10, 11, 28, 93.
mugge, mügge (mucke, mücke), *wf.* midge, fly, 10 note 3, 20.
mül, *sf.* mill.
mūl, *sn.* mule.
münich, *sm.* monk.
münster, *sn.* minster.
munt (-des), *sm.* mouth.
muot, *sm.* sense, mind, spirits, mood, feeling, courage, disposition, sentiment; **riches muotes wërden,** be in good spirits.
muoten, *wv. c. gen.* desire, long for.
muoter, *sf.* mother, 10, 11, 49.

N

nac (-ckes), *sm.* back part of the head.
nāch, *prep.* after, according to, on account of, at, for, to, 34; **nach dëm guote,** about wealth *or* money; **nāch ēren,** honourably; **nāch sīnen beinen,** made to fit his legs; **nāch wünsche,** to perfection, all that one could wish for; **vil nāch,** nearly.
nacket, *aj.* naked.
nagel, *sm.* nail, 9. 2, 44.
nagen, *sv.* VI, gnaw, 85.
nāhe (nāch), *av.* near, nigh, 34; **nāhe tragen,** take to heart; **nāhe gān,** go closely, touch; **nāhen,** near by.
nāhen, *wv.* draw near, come near, approach, be near.
nāhgebūre, *wm.* neighbour.
naht, *sf.* night, 19, 49; *av.* **nahtes,** by night.
nahtigale, nahtegal(e), *sf.* nightingale.
nam(e), *wm.* name, position, 3, 9. 1, 9. 4.

namen, *wv.* name, 92.
napf, *sm.* basin, 31.
nar, *sf.* food, 48.
nāt, *sf.* seam.
naʒ (-ʒʒes), *aj.* wet, 31. 3.
ne, n', *neg. particle*, generally used before the verb with and without niht, *not*, 108.
nëbel, *sm.* fog, mist.
nehein, *pr.* no, none, 71.
neigen, *wv.* bow, bend down.
neiʒwër, *pr.* anyone, 70.
nëmen, *sv.* IV, take ; *c. dat. pers.* take away, rob, 5, 7, 10, 11, 12, 14. 2, 74, 82.
nennen, *wv.* name, mention the name of, 32. 2, 40, 90.
nern (nerigen, nerjen), *wv.* nourish, rescue, keep alive, *refl.* subsist on, 9. 1, 30, 35, 90.
nest, nëst, *sn.* nest, 11.
netze, *sn.* net, 46.
netzen, *wv.* make wet, 31. 3.
nëve, *wm.* nephew, 33.
nīden, *sv.* I, hate, envy, 76.
nider, *av.* down ; sich nider lāʒen, settle, establish oneself.
nīdetāt, *sf.* spiteful action.
nie, *av.* never.
nieman, niemen, *pr.* nobody, no one, 71.
niemēr (niemer, nimer, nimmer), *av.* never.
niender, *av.* by no means.
niene, *av.* not, not at all.
niesen, *sv.* II, sneeze, 78.
nieten (*refl.* with *gen.*), *wv.* be eager *or* zealous for.
nieʒen = genieʒen.
niftel, *sf.* niece, 33.
niht, nieht, niet, *av.* not ; *pr.* nothing, 71 ; *indecl. sb. c. gen.* nothing.
nine = niene, not at all.
nīt (-des), *sm.* hatred, anger, hostility.
niun, *num.* nine, 62.
niunte (-de), *num.* ninth, 62.

niunzëhen, *num.* nineteen, 62.
niunzëhende, *num.* nineteenth, 62.
niunzic (-ec), *num.* ninety, 62.
niunzigeste, ninetieth, 62.
niuwan (niwan, niuwen), *av.* nothing but, only ; *cj.* except, except that.
niuwe, *aj.* new, 16 note, 55.
niuwet, *av.* not.
noch, *av.* still ; noch en noch, neither—nor.
Norgāls, *pn.* the country belonging to Herzeloyde.
nōt, *sf.* need, danger, trouble, distress.
nōthaft, *aj.* needy, poor.
nōtic, *aj.* in distress, hasty.
nōtnunft, *sf.* abduction by violence.
nū (nu), *av.* now ; nu wol dan, well then be off there !
nutz (nuz), *sm.* use, advantage.
nütze, *aj.* useful.
nutzen, nützen, *wv.* to use, 10 note 3.

O

ob, obe, op, *prep.* and *av.* over, above ; *conj.* if, in case that, whether, 9. 6.
oben(e), *av.* from above, above.
ober, *aj.* upper, 59.
oberste, oberist, oberest, *aj.* highest, uppermost, 8, 59.
oder, ode, *conj.* or.
offen, *aj.* and *av.* open, 23. 1.
offenbāre, *av.* openly.
ofte, *av.* often.
ohse, *wm.* ox.
opfer, *sn.* offering.
orden, *sm.* order, rule ; rank ; rīters orden, knightly order.
ordenunge, *sf.* order, rule.
ōre, *wn.* ear, 5, 11, 50.
op = ob.
Ōsterrīch, *pn.* Austria.
ot, see ëht.

Glossary

ouch, ŏch, *av.* also; henceforward.
ouge, *wn.* eye, 3, 5, 11, 50.
ougen, *wv.* show, 10, 90.
ougenweide, *sf.* delight of the eyes, sight, appearance.
ouwē, *sf.* water; meadow, 10.
owē, ouwē, ōwī, *interj.* woe! alas! ah!; owē mir mīnes leides! alas! for my grief; ōwī wan, used to express a wish: would that; owē dës, alas for that!
ōwol, *interj.* well!

P

palas, *sn.* hall.
paradys, *sn.* paradise.
pfaffe, *wm.* priest.
pfeller, pfellel, *sm.* carpet, silk cloth.
pfennic, pfenninc (-ges), *sm.* penny, 29.
pfert (-des), *sn.* horse.
pflëge, *sf.* care, fostering.
pflëgen (phlëgen), *sv.* V, be accustomed, use, practise, care for, 83.
pfluoc, phluoc (-ges), *sm.* plough; ploughman.
pfunt, *sn.* pound, 23. 2.
phat (-des), *smn.* path, footway.
phel (phelle) = pfeller.
Philip, Philippes (*dat.* Philippe), *pn.* Philip.
phlëger, *sm.* guardian, protector.
pin = bin.
pīnen (with sich and ūf), *wv.* exert oneself for.
plān, *smf.*, plāne, *sf.* plain, open space, meadow.
planēte, *wm.* planet.
porte, *sf.* door, gate.
portenære, *sm.* porter, doorkeeper.
prëdige, *wf.* sermon.
prīs, *sm.* praise, renown, reputation; price.
prīsen, *wv.* value, praise, extol.
prophēte, *wm.* prophet.
prüstelīn, *sn.* breast, chest.

Q

quāle (kāle), *sf.* torture, 36.
quëc (këc), *aj.* quick, alive, 19, 36.
quëden, *sv.* V, say, 19, 36.
quërder (korder, körder), *smn.* bait, 36.
quicken (kücken), *wv.* enliven, 36.
quīst = quides(t), 37.

R

rabe, *wm.* raven, 31. 1.
rāche, *sf.* revenge, punishment.
ragen, *wv.* strike, knock, hit.
rappe, *wm.* raven, 31. 1.
rasch (rasche), *aj.* quick, 55.
rat (-des), *sn.* wheel, 47.
rāt, *sm.* (*pl.* ræte), advice, care, resolution; rāt wërden, be helped.
rāten, *sv.* VII, advise, devise, 87.
rē (-wes), *smn.* corpse; bier, hearse, 42, 46.
rëchen, *sv.* IV, avenge, punish.
rëde, *sf.* speech, answer, story, saying.
rëgen, *sm.* rain, 42.
rëht, *aj.* and *sn.* right, proper, just; right, duty, law.
rëhte, *av.* rightly, properly; very.
reine, rein, *aj.* pure, spotless, perfect, 55.
reise, *sf.* journey, march.
reizen, *wv.* irritate; entice, allure.
rennen, *wv.* run, 90.
ribbalīn, *sn.* foot-covering, shoe.
rīben, *sv.* I, rub, 76.

rīch, rīche, *aj.* powerful, mighty, noble, great, fine, rich, free, 55.
rīche, *sn.* kingdom.
rīcheit, *sf.* wealth, power.
rīchen, *wv.* make rich, enrich, present with.
rīchsen, *wv.* rule, 9. 2.
riechen, *sv.* II, smell, 78.
rīfe, *wm.* hoar-frost.
rigel, *sm.* bolt, bar.
rihten, *wv.* put right, confirm, judge; *refl.* get up.
rinc (-ges), *sm.* ring.
ringe, *aj.* easy, light, small; consumed.
ringen, *sv.* III, strive, struggle; busy oneself, wrestle; **ringen nāch,** strive for *or* after.
rinnen, *sv.* III, run, 20, 31, 32. 1, 81.
rint (*pl.* **rinder**), *sn.* cow, heifer.
rīsen, *sv.* I, fall, 30, 76.
rīten, *sv.* I, ride, 76.
rīter, ritter, *sm.* rider; knight, the name of knight.
rīterlīch, *aj.* knightly.
rīterschaft, *sf.* knighthood, customs and manners of knights.
ritterlīchen, *av.* in knightly manner.
riuschen, *wv.* rush, move noisily.
riuten, *wv.* root out, clear the land, bring the land into cultivation.
riuwe, *sf.* sadness, grief, pity, regret, 16 note.
riuwen, *wv.* grieve, grieve for, regret.
riuwen, *sv.* II, pain, grieve, regret, 16 note, 78.
riuwic, *aj.* sorrowful, repentant.
rivier, *sm.* brook, stream.
rocke, rogge, *wm.* rye, 31. 1.

Rōme, *pn.* Rome.
rōr, *sn.* reed.
ros, *sn.* horse.
rōt, *aj.* red, 19.
rouben, *wv.* rob.
rouch, *sm.* smoke.
roufen, *wv.* pluck, pull up, pull at, lug; *refl.* tear *or* pull out one's hair.
roup (-bes), *sm.* robbery; **roubes,** *av.* by robbery.
rūch, *aj.* raw; coarse.
rücke, rügge, *swm.* back.
rüejen, *wv.* row, 90.
rüemen, *wv.* praise, commend.
rüeren (*pret.* **ruorte**), *wv.* drive, urge on; with **ros** understood: run.
rūm, *sm.* room, 11.
rūmen, *wv.* make room, 10, 40.
ruochen, *wv.* trouble oneself about a thing, observe; with *gen.* deign, will, wish.
ruofen, *sv.* VII, call, 5, 11, 87.

S

sā, sān, *av.* presently, at once, forthwith, immediately, quickly.
sache, *sf.* thing.
sactuoch, *sn.* sacking, sackcloth.
sæjen, sæwen, sæn, sow, 10, 35, 90.
sælde, *sf.* happiness, good fortune, excellence, blessedness, 9. 2.
sælic, sælec (-ges), *aj.* blessed, happy, 7, 8.
sælikeit, *sf.* blessedness.
sage, *sf.* saying, statement, report; **nāch sage,** by hearsay.
sagen, *wv.* say, tell, 37, 92; **sagen mære,** relate what has happened.
sal, *sm.* room, hall; house.

Glossary

salben, *wv.* anoint.
Salomōn, *sm.* Solomon.
salz, *sn.* salt, 23. 2.
salzen, *sv.* VII, salt, 87.
same, sam, *av.* so, as, like, just as, even as, 69.
samīt, *sm.* velvet.
samt, *av.* together.
sān, see **sā.**
sanc(-ges), *sm.* song, singing.
sanfte, *av.* softly, slowly, pleasantly, 60.
sant (-des), *sm.* sand, 42.
sant(e), *aj.* holy; holy one.
sarc, *sm.* coffin.
sarken, serken, *wv.* put into the coffin.
sāt, *sf.* seed, 5, 11.
satzt(e), *pret.* of **setzen.**
sāze, *sf.* ambush, trap, snare.
sazte, *pret.* of **setzen.**
schāchære, *sm.* robber.
schade, *wm.* injury, loss.
schaden (*pret.* **schadete, schāte**), *wv.* injure, harm.
schāf, *sn.* sheep.
schaffen, *sv.* VI, create, exercise, institute, 85.
schaffen, *wv.* do, perform, provide.
schal (-lles), *sm.* sound, noise, loud tone; singing.
schalchaft, *aj.* malicious, mischievous.
schallen, *wv.* be noisy; bluster; exult, boast, swagger.
schame, *wf.* shame.
schämelich, *aj.* shameful, 10.
schamen, *wv.* shame; *c. gen.* be ashamed, 9. 4.
schande, *sf.* disgrace, disgracefulness, shamefulness, shameful *or* disgraceful act.
schapel, *sn.* garland, 46.
schar, *sf.* crowd, flock, 48.
scharpf, *aj.* sharp.
schart, *aj.* jagged, hacked, hewn, battered.

schate (gen. **schat(e)wes**), *sm.* shade, shadow, 36, 43.
schaz (*gen.* **schatzes**), *sm.* treasure, 19, 23. 2.
schedelīche, *av.* injuriously.
scheiden, *sv.* VII, sever, separate, deprive; go away, 87; **sich scheiden,** come to an end, be decided.
schëlch (*gen.* **schëlhes**), *aj.* askew, 34.
schelle, *wf.* little bell.
schëlten, *sv.* III, abuse, revile, mock, 81; also as *sn.*
schemelīch, *aj.* disgraceful.
schepfen (*pret.* **schuof,** *pp.* **geschaffen**), *sv.* VI, create, 23. 2, 28, 31. 3.
schepfære, schepfer, *sm.* creator, 8.
schërn, *sv.* IV, shear, 82.
schicken (with *acc.*), *wv.* become, suit, fit.
schieben, *sv.* II, shove, 78.
schiere, *av.* quickly, soon.
schiezen, *sv.* II, shoot; *sn.* shooting, 10 note 3, 78.
schif (-ffes), *sn.* ship, 19, 32. 1.
schilt (-des), *sm.* shield, protection; **schildes ambet,** knight-service, chivalry.
schimpfen, *wv.* make fun of, jest; also as *sn.*
schīn, *aj.* visible, clear; **schīn tuon,** make clear, show; *sm.* splendour.
schīnen, *sv.* I, shine, become evident or manifest, 76.
schirmen, *wv. c. dat.* protect.
schiuhen, *wv.* fear, shun.
schœnde, *sf.* beauty.
schœne, *aj.* beautiful, fine, 3, 5, 9. 2, 55, 60.
schœne, *sf.* beauty, 3, 48.
schœnen, *wv.* make beautiful.
schōne, *av.* beautifully, 60.
schouwen, *wv.* see, behold, look, inspect, survey.

schrëcken, *sv.* IV, frighten, 82.
schrībære, *sm.* scribe, 8.
schrīben, *sv.* I, write, 5, 76.
schrīen (scrīen), *sv.* I, cry, cry out, scream; croak, 77; also as *sn.*
schrift, *sf.* writing (Bible).
schrīn, *sm.* box.
schrinden, *sv.* III, split, 81.
schrit, *sm.* step, 44.
schrunde, *wf.* scratch, tear, slit.
schūften, *wv.* gallop, canter.
schulde, *sf.* reason, cause; von welhen schulden, wherefore.
schuldic (-ec), *aj.* guilty, 10 note 1; schuldic sin, owe.
schuoch (*gen.* schuohes), *sm.* shoe, 34.
schupfen, schüpfen, *wv.* push, 10 note 3.
schuz (-tzes), *sm.* protection.
se = sie.
sē (-wes), *sm.* sea, lake, 3, 42.
sëgenen, *wv.* bless, 90.
sëhen, *sv.* V, see, look, 9. 4 note, 34, 74 note, 83.
sëhs, *num.* six, 62.
sëhste, *num.* sixth, 62.
sëh(s)zëhen, *num.* sixteen, 62.
sëh(s)zehënde, *num.* sixteenth, 62.
sëh(s)zic (-ec), *num.* sixty, 62.
sëh(s)zigeste, *num.* sixtieth, 62.
seist = sages(t), 37.
seit = saget, 37.
seite, *wm.* string.
seite = sagete.
seitenspil, *sn.* playing of stringed instrument.
sēle, *sf.* soul, 5, 11, 17, 48.
seln, *wv.* hand over, 90.
sëlp (-bes), *pr.* self.
sëlten, *av.* seldom.
sëltsæne, *aj.* rare, strange.
senden (*pret.* sante), *wv.* send, 32. 3. 40, 90.

senede, sende, *pp.* of senen, painfully longing, yearning, love-sick, 29.
senen, *wv. refl.* fret oneself, be sick at heart.
senfte, *sf.* softening.
senfte, *aj.* soft, gentle, tender, mild, easy; quiet, 55, 60.
senften, *wv.* appease, soften.
senken, *wv.* sink, 19, 90.
sēr, *snm.* pain; grief, trouble; sore.
sēre, *av.* sorely, violently; very.
setzen (*pret.* satzte), *wv.* put, set, place, appoint, 19, 23. 1, 31. 3, 90.
si, sī, siu, sie, *pr.* she, 65.
siben, *num.* seven, 62.
sibende, *num.* seventh, 62.
sibenzëhen, *num.* seventeen, 62.
sibenzëhende, *num.* seventeenth, 62.
sibenzic (-ec), seventy, 62.
sibenzigste, seventieth, 62.
sich, *refl. pr.* himself, themselves, 66.
sicherheit, *sf.* assurance.
sicherlīch(e), *av.* certainly, surely, assuredly, 8.
sīde, *sf.* silk.
sider, *av.* since, afterwards.
siech, *aj.* sick, ill, 5.
siecheit, *sf.*, siechtuom, *sm.* sickness.
sieden, *sv.* II, seethe, 12, 18, 78.
Sīfrit, *pn.*, 54.
sige (sic), *sm.* victory, 43.
sīgen, *sv.* I, sink, 76.
sigenunft, *sf.* victory.
sīhte, *aj.* shallow.
silber, *sn.* silver.
sim = si im.
sin, *sm.* sense, mind, feeling; courage.
sīn, *pr.* his; sīn sëlbes, of himself, 5, 11, 67.

Glossary

sīn, *anom. v.* be, 97.
sin = si in.
sincwīse, *sf.* song.
singen, *sv.* III, sing; also as *sn.* song, lay, 10 note 2, 33, 81.
sinken, *sv.* III, sink, 23. 2, 81.
sinne, *sf.* sense, mind; ze sinne wider komen, recover consciousness, become conscious again.
sinneclīch, *aj.* sensible, reasonable.
sinnelōs, *aj.* unconscious.
sinnen, *sv.* III, reflect, 81.
sint = sīt.
sippe (sibbe), *sf.* consanguinity, relationship, 26, 31. 3.
sīt (sīd, sint), *av.* and *conj.* afterwards, since, because.
site, *sm.* custom, habit; bearing, demeanour, behaviour, 43.
sīte, *swf.* side.
sitzen (*pret.* saz, *pp.* gesëzzen), sit, 14. 2, 23. 2, 31. 3, 84.
siz = sī ëz.
slac (-ges), *sm.* blow; misfortune, 44.
slāf, *sm.* sleep.
slāfen, *sv.* VII, sleep, 5, 11, 19, 23. 1, 74 note, 87.
slahen, *sv.* VI, beat, strike, slay, 10, 30, 85.
slahte, *sf.* manner; race.
slëht, *aj.* straight; straightforward, honest.
sliezen, *sv.* II, close, shut.
smac (-ckes), *sm.* taste, smell.
smācheit, *sf.* shameful treatment.
smæhe, *aj.* little, despicable, disgusting.
smal, *aj.* small, little.
smecken, *wv.* taste, 90.
smër (-wes), *smn.* fat, 36, 47.
smërze, *wm.* pain, 19.
smiegen, *sv.* II, bend, incline; press close.

smielen, *wv.* smile.
smirwen, *wv.* smear, 36.
smit (-des), *sm.* smith, metal worker, goldsmith.
smitte, *swf.* smithy, 24.
snē (-wes), *sm.* snow, 17, 36, 42.
snël (-lles), *aj.* quick, eager, alert; blithe.
snëlheit, *sf.* haste, quickness.
snīden, *sv.* I, cut, injure, wound, 11, 12, 17, 30, 76.
snit, *sm.* cut, slice, 44.
snuor (*pl.* snüere), *sf.* string.
sō, so, *av.* and *conj.* as, so, if, whereas, on the other hand, thus, as it was, 69.
solch, sölch (solich), *pr.* such, of such a nature, 71.
soldenære, *sm.* hired soldier, mercenary.
solt (-des), *sm.* pay.
Soltāne, *pn.*
soltu = solt dū.
son = so ne.
sorge, *swf.* care, grief, sorrow.
sorgelōs, *aj.* free from cares.
sorgen, *wv.* be anxious, fear, dread.
spāhe, *av.* elegantly, neatly.
spalten, *sv.* VII, split, 87.
spān, *sm.* chip, shaving; notched stick, tally; degree of relationship.
spanen, *sv.* VI, entice, 85.
spange, *swf.* clasp, buckle.
spannen, *sv.* VII, span, 87.
sparn, *wv.* spare, forbear.
spëhen, *wv.* look at, observe.
spër, *sn.* spear, lance.
spiegel, *sm.* mirror, looking-glass; model, pattern.
spiegelglas, *sn.* lovely image, picture.
spil, *sn.* game, play; joke, fun; pleasure, delight.
spiln (*pres. part.* spilende, spilede), *wv.* play; glitter, glisten, 90.

Glossary

spinnen, *sv.* III, spin, 81.
spīse, *sf.* food.
spīwen, *sv.* I, vomit, 17, 77.
spore, spor, *wm.* spur.
spot, *sm.* scoff, scorn, mockery; joke, fun; **āne spot,** sincerely, candidly.
spotten, *wv.* (with *gen.*), mock, scoff at, scorn.
sprëchen, *sv.* IV, speak, say, talk 9. 4 note, 19, 23. 1, 82.
spreiten, *wv.* spread.
springen, *sv.* III, spring, leap.
stæte, *sf.* duration, continuance, constancy, steadfastness.
stæte, *aj.* constant, firm, steadfast; *av.* **stæteclīchen.**
stætekeit, stætikeit, *sf.* firmness, constancy.
stahel, *sm.* steel.
stam (-mmes), *sm.* stem; prop, model.
stān, stēn, *sv.* VI, stand; befit, become, suit, 11, 86, 96.
stap (-bes), *sm.* stick, staff.
starc, *aj.* strong, heavy, hard, severe; *av.* **starke.**
stat, *sf.* abode, place, spot; opportunity.
state, *sf.* suitable *or* comfortable place; opportunity; **ze staten komen,** help.
stëchen, *sv.* IV, prick, 9. 4 note, 82.
stëgreif, *sm.* stirrup.
stein, *sm.* stone, precious stone, grindstone, millstone, 3, 17.
stëln, *sv.* IV, steal, 9. 1, 11, 74 note, 82.
stellen, *wv.* place, 90.
stërben, *sv.* III, die, 10 note 1, 81; *sn.* dying, death.
sterke, *sf.* strength, bravery.
stërne, *wm.* star.
stīc (-ges), *sm.* path, way.
stich, *sm.* stab, thrust.

stīgen, *sv.* I, rise, mount.
stille, *aj.* still, quiet, secret.
stimme, *sf.* voice.
stinken (*pret.* **stanc**), *sv.* III, stink, exhale a disagreeable odour.
stiure, *sf.* gift, tax.
stœren, *wv.* hinder, overthrow, destroy.
stōle, *sf.* stole, surplice.
stolz, *aj.* stately.
stoup (-bes), *sm.* dust.
stōʒen, *sv.* VII, push, shove, thrust, 5, 11, 87.
strāfen, *wv.* blame, set right.
strāʒe, *swf.* way, road.
strëben, *sv.* V, exert oneself, strive.
strenge, *aj.* strict, unfriendly.
strīchen, *sv.* I, strike, stroke, rub.
strīt, *sm.* strife, quarrel, fight.
strīteclīchen, *av.* eagerly, zealously.
strīten, *sv.* I, quarrel, fight, strive, 76.
strō (-wes), *sn.* straw; blade, stalk, 36, 46.
strouwen, ströuwen, *wv.* strew, 10, 36.
stücke, *sn.* piece.
stum, *aj.* dumb, 32. 1.
stunde, *sf.* hour, time.
stunt, *indecl. fem.* time.
stuol, *sm.* seat of a judge, papal power; throne.
sturm, *sm.* fight, battle.
sū, *sf.* sow, pig, 49.
süeʒe, *aj.* sweet, lovely, 60.
süeʒe, *sf.* loveliness, alluring enticement.
süeʒen, *wv.* sweeten, 90.
sūfen, *sv.* II, gulp down liquids, 80.
sūft, *sm.* sigh, groan.
sūgen, *sv.* II, suck, 80.
suln, süln, *pret.-pres.* (*pres.* **sol,**

Glossary

pret. **solte,** should, ought), shall, 40, 93.
sum, *pr.* any one at all; *pl.* some, 71.
sumelīch, *pr.* many a, whoever; *pl.* some, 71.
sūmen, *wv.* tarry, 10.
sumer, *sm.* summer, 42.
sumerlīch, *aj.* summerlike.
sumerzīt, *sf.* summer time.
sun, *sm.* son, 5, 9. 4, 10, 19, 44.
sünde, *sf.* sin.
sunder, *prep.* without, against; **sunder spot,** seriously, in earnest; *av.* **sunderlīche(n),** especially, separately.
sunne, *wmf.* sun.
suochen, *wv.* seek, 90.
suone, *sf.* atonement.
suon(e)tac (·ges), *sm.* day of judgement.
suoʒe, *av.* sweetly, 60.
sus (sust), *av.* so, thus, in such a way.
swā, swar, *av.* wherever, 69.
swach(e), *aj.* worthless, bad.
swacheit, *sf.* dishonour, disgrace.
swachen, *wv.* weaken.
swachlīch, *aj.* weak.
swære, *aj.* painful, sad, unpleasant, burdensome; weighty, heavy, 60; **daʒ swære,** such a weight.
swære, *sf.* burden, trouble, grief, sadness.
swanc (·ges, ·kes), *sm.* swinging movement, hurling, throwing.
swannen, swanne, *av.* and *conj.* whenever, 69.
swar, see **swā.**
swār (swære), *aj.* heavy, 55; *av.* **swāre,** 60.
swarz, *aj.* black.
swëben, *wv.* hover, move to and fro.
swëder, *pr.* who of two, 69.

swëher, *sm.* father-in-law, 30.
sweifen, *sv.* VII, rove, 87.
swelch (swel), *pr.* each who, whoever, what sort, whatever, 69, 71.
swëllen, *sv.* III, swell, 81.
swenne (see **swannen**), *conj.* whenever, if, whilst, 69.
swër, *pr.* who, whoever, whosoever; *neut.* **swaʒ,** 69, 70, 71.
swern (swerigen, swerjen), *sv.* VI, swear, 35, 86.
swërt, *sn.* sword.
swërtslac (*pl.* ·slege), *sm.* sword-cut.
swester, swëster, *sf.* sister, 11, 48.
swie, *av.* and *conj.*, as, how, however, howsoever; though, 69.
swīgen, *sv.* I, be silent, keep silent, 76.
swiger, *sf.* mother-in-law, 30.
swimmen, *sv.* III, swim, 31, 81.
swinde, *aj.* powerful, strong, angry; *av.* quickly.
swinden, *sv.* III, vanish, disappear.
swingen, *sv.* III, swing.

T

tac (·ges), *sm.* day, 5, 11, 33, 42; *av.* **tages,** by day.
tägelīch, *aj.* daily, 5, 10.
tagen, *wv.* become day, dawn.
tagezīt, *sf.* space of a day.
tal (*pl.* teler), *sn.* dale, 47.
tanz, *sm.* dance.
tanzen, *wv.* dance.
tanzwīse, *sf.* a song which is sung to the accompaniment of dancing.
teil, *smn.* portion; **ein teil,** something, a little.
teilen, *wv.* divide, distribute.
tief, *aj.* deep, 15, 19.

Glossary

tier, *sn.* animal.
tisch, *sm.* table.
tiure, tiuwer, *aj.* and *av.* dear, precious; noble, excellent, 9. 3, 57.
tiuren, tiuwern, *wv.* esteem highly, honour, confer honour.
tiutsch, tiusch, *aj.* German; tiuschiu zunge, German language, Germany.
tiuvel, *sm.* devil.
tœrisch, tœrsch, *aj.* foolish, silly.
tœtlich, *aj.* deadly.
tohter, *sf.* daughter, 10, 25, 49.
töhterlīn, *sn.* little daughter, 10.
tor, *sn.* gate, door.
tōre, tōr, *wm.* fool.
törperheit, *sf.* impoliteness, vulgarity.
tōt, *aj.* dead, 3, 25, 30.
tōt (-des), *sm.* death, 5, 11, 30, 33; in dëm tōde swëben, be on the peril of losing one's life.
tou (-wes), *sn.* dew, 46.
toufen, *wv.* baptize, 10.
tougen, *sfn.* secret, wonder; *aj.* dark, secret; *av.* secretly, 55.
tougenlīch, *aj.* secret; *av.* tougenlīche.
træge, *aj.* slow, weary, lazy; *av.* træge.
tragen, *sv.* VI, bear, carry; wear; have, 85.
trahen (*pl.* trehene), *sm.* drop, tear.
trahten, *wv.* think, strive, 92.
trëffen, *sv.* IV, hit, 32, 82.
treit = traget.
trëten, *sv.* V, tread, step, enter, 83; trëten hinder sich, step back.
tretten, *wv.* tread, 31. 3.
trīben, *sv.* I, drive; play, carry on, 76.
triefen, *sv.* II, drop, drip, 31. 1, 78.
triegen, *sv.* II, deceive, plot, intrigue.
trinken, *sv.* III, drink, 19, 81.
triuten, *wv.* caress, like, love; greet.
triuwe, *aj.* true, 16 note; *sf.* fidelity, faithfulness; mit triuwen (triwen), faithfully.
triuwen, trūwen, *wv.* believe, trust, hope, 16 note.
trœstelīn, *sn.* consolation, hope.
trœsten, *wv.* console, comfort; help.
tropfe, *wm.* drop, 31. 3.
trōst, *sm.* consolation, hope.
troum, *sm.* dream.
troumen, *wv.* dream, 10.
trüebe, *aj.* gloomy.
trüebsal, *sn.* gloom, 8.
trūrec, *aj.* sad; *av.* trūreclīche.
trūren, *wv.* mourn, be sad, downcast; also *sn.*
trūt, *aj.* dear, beloved.
trūtgemahele, *sf.* bride.
tügen, tugen, *pret.-pres.* (*pres.* touc, *pret.* tohte), be fit for, good for, of use, 93.
tugenhaft, *aj.* fit, hearty, noble.
tugent, tugende, *sf.* virtue, good qualities, strength, power, valour, 49.
tugentlīchen, *av.* with noble demeanour.
tump (-bes), *aj.* inexperienced, silly, young.
tumpheit, *sf.* folly, foolish action; inexperience; tumpheit walten, show or have great inexperience.
tunkel, *aj.* dark.
tuon, *anom. v.* do, make, form, shape; cause, 94; tuon en-

blecken, cause to become visible; ze leide tuon, cause grief, pain, *or* injury to; wër hāt dir getān? who has done anything to you?; als ein got getān, like a god.
tür, *sf.* door.
Turkentāls, *pn.* one of Parzival's princes.
turren, türren, *pret.-pres.* (*pres.* tar, *pret.* torste), dare, venture, 10, 93.
tūsenste, *num.* thousandth, 62.
tūsent, *num.* thousand, 5, 62, 64.
twahen (*pret.* twuoc), *sv.* VI, wash, 85.
twërch (*gen.* twërhes), askew, 34.
twingen, *sv.* III, compel, force, subdue, overcome; sich twingen lāzen, let oneself be compelled.

U

übel, *aj.* evil, bad, 55, 58, 60; *av.* übele.
über, *prep.* over, because of, for.
übergrōz, *aj.* very great.
übergülde, *sn.* gilding, raising of value.
übergulde, *sf.* that which surpasses something else in value.
übermæzlīchen, *av.* beyond measure.
übermüete, *sf.* insolence, haughtiness.
übermuot, *sm.* haughtiness, insolence.
übern = über dën, 68 note 2.
übersëhen, *sv.* V, overlook, not observe.
überstrīten, *sv.* I, gain the victory over, conquer.

übertragen, *sv.* VI, spare, discharge something.
überwinden, *sv.* III, overcome, get over.
ūf, ūfe, *prep.* and *av.* up, up to, on, to, upwards, 23. 1; ūf genāde, in firm confidence; ūf die triwe mīn, upon my faith *or* troth; ūf sliezen, open.
ūfem, ūfme = ūf dëm, 68 note 2.
ūfen = ūf dën, 68 note 2.
Ulterlec, *pn.*
umbe, ümbe, umb, um, *prep.* and *av.* about, around, upon, for, 10 note 2; dar umbe, therefore; umbe sust, for nothing; um waz, why, for what reason; umbe daz, on account of that, for that, therefore; umbe gān, turn *or* go round.
umbesliezen, *sv.* II, embrace, surround.
umbevāhen, *sv.* VII, embrace.
unbewollen, *part. aj.* unspotted.
und, unde, unt, *cj.* and *av.* and; again, on the other hand, 9. 6, 69.
unden, *av.* below, beneath.
under (undr), *prep.* under, beneath, between, among; under in, among themselves; under wëgen lān, omit; under stunden, at times, now and then, sometimes; under wīlen, from time to time, at times, sometimes.
underlāz, *sm.* interruption.
underscheiden, *sv.* VII, relate; explain fully.
undersnīden, *sv.* I, interrupt, intermingle.
understān, *sv.* VI, step in between, hinder.
undertænic, *aj.* humble, subject, submissive.

Glossary

undertān, *part. aj.* humble, submissive.
underwinden, *sv.* III, *refl.* undertake.
unfuoge (also used as a proper noun), *sf.* unseemliness, indecorum, misconduct; coarseness.
unfuore, *wf.* badness, roughness; wicked mode of life.
ungebære, *sf.* despairing lamentation.
ungebant, *aj.* unbeaten, untrodden.
ungebatten, *aj.* useless, worthless.
ungeborn, *part. aj.* unborn.
ungeburt, *sf.* low birth.
ungefüege, *aj.* very great, powerful; bad, unbecoming, coarse, uncouth, rude; *av.* **ungefuoge.**
ungehabe, *sf.* sorrow, grief.
ungelīche, *av.* immeasurably, incomparably.
ungelōnet, *aj.* unrewarded.
ungelouplich, *aj.* incredible.
ungelücke, *sn.* misfortune.
ungemach, *sn.* misfortune, discomfort, sorrow.
ungemüete, *snf.* mourning, grief, sorrow.
ungenāde, *sf.* disfavour, hatred, harm.
ungenæme, *aj.* unpleasant.
ungenësen, *aj.* unhealed, uncured.
ungerihte, *sn.* fault, crime.
ungërne, *av.* unwillingly.
ungesammet, *aj.* not united, not unanimous.
ungeschriben, *part. aj.* that which cannot be written.
ungestaltheit, *sf.* deformity.
ungesunt, (-des), *sm.* sickness, illness.
unhövesch, *aj.* uncourtly, coarse, low, vulgar.

unkraft, *sf.* fainting fit, swoon.
unkunt (unkuntlīch), *aj.* unknown.
unlange, *av.* in a short time.
unmære, *aj.* not worth mentioning, little observed, worthless, disgusting; undervalued.
unmæzlīch, *aj.* immoderate, excessive.
unmāzen, *av.* immeasurably.
unminnen, *wv.* treat in an unloving manner.
unmüezekeit, *sf.* work, trouble.
unmügelīch, *aj.* impossible.
unmuoze, *sf.* occupation, restlessness.
unnāch, *av.* by no means.
unnōt, *sf.* without danger *or* need.
unrewert = unerwert, *part. aj.* unprohibited.
unriuweclīche, *av.* without trouble *or* care.
unsælekeit, *sf.* unhappiness; misfortune.
unsælic (-ec), *aj.* unhappy, cursed.
unschulde, *sf.* innocence.
unschuldigen, *wv.* proclaim one's innocence.
unsegelīch, *aj.* unspeakable.
unsenfte, *aj.* painful, hard.
unser, *pr.* our, 7, 67.
unstæte, *aj.* inconstant, fickle.
unstæte, *sf.* inconstancy, fickleness.
untriuwe, *sf.* faithlessness, deceit.
untrœsten, *wv.* dishearten, discourage.
untrōst, *sm.* despondency, discouragement.
untugent, *sf.* lack of good training.
unversunnen, *pp.* unconscious.
unvrō, unfrō, *aj.* unhappy, sad, mournful.

Glossary

unwandelbære, *aj.* steadfast, unchangeable.
unwendic (-ec), *aj.* unchangeable.
unwërt, *sm.* unworthiness, contempt for, scorn.
unwīp, (-bes), *sn.* bad woman; unwomanly creature; unworthy the name of Weib.
unwīse, *sf.* false tone *or* sound; bad style.
unze, unz, *prep.* and *conj.* till, until, up to, down to, to; **unz her,** hitherto; **unz enmitten an,** right down to.
unzerworht, *aj.* undivided, undissected, not cut up.
Uote, *pn.* 54.
üppic, *aj.* unnecessary, superfluous; proud.
ūʒ, *prep.* and *av.* out, out of, of, from; **ūʒen,** *av.*; **ūʒerwelt,** select, chosen.
ūʒer, *prep.* out of, from.
ūʒreise, *sf.* marching, going out *or* off; departure; song sung by knights on the march.

V (F)

vadem, *sm.* thread, 9. 2, 42.
vāhen, fāhen (vān), *sv.* VII, catch, seize, take, 29, 30, 38, 87.
val (-wes), *aj.* yellow, 36.
vallen, *sv.* VII, fall, fall down, fall to one's lot, 32. 4, 87.
valsch, *aj.* false, deceitful.
valsch, *sm.* fault, spot, impurity, deceit; **valsches laʒ,** free from deceit *or* falseness.
valten, *sv.* VII, fold, 87.
vancnüsse, *sf.* captivity, 8.
var, vare (-wes), *aj.* coloured; formed, looking.
vāren, *wv.* place behind, watch, lie in wait.
varn, *sv.* VI, go, fare, betake oneself, 5, 10, 74 note, 85; **varndeʒ guot,** movable property.
vart, *sf.* way, march, journey.
varwe, *sf.* colour, form, appearance.
vaste, *av.* fast, quickly, strongly, firmly; very.
vater, *sm.* (*pl.* veter, väter), father, 11, 19, 45.
väterlīch, *aj.* fatherly, 10.
väterlīn, *dim.* of **vater,** 5, 10.
vazʒen, *wv.* seize, take, gather.
vëhten, *sv.* IV, fight, 82.
veile, *aj.* cheap, purchasable.
vël (-lles), *sn.* hide, skin, 32. 1.
vellen, *wv.* fell, kill, 90.
vels, *swm.* rock, 11.
velschen, *wv.* falsify; make faithless.
vëlt (-des), *sn.* field.
venster, *sn.* window, 46.
verbërgen, *sv.* III, hide, conceal.
verbërn, *sv.* IV, spare, abstain from, forbear, avoid, keep from, give up.
verbieten, *sv.* II, forbid, hinder, prevent, obstruct; ward off.
verdagen, *wv.* keep secret, conceal.
verdërben, perish, spoil, destroy, 81.
verdërbnisse, *sfn.*, destruction, 8.
verdienen, *wv.* deserve, earn.
verdrieʒen (*impers. c. gen.*), *sv.* III, grieve, fret, vex.
verdringen, *sv.* III, crowd out, suppress, displace, push on one side.
vereinen, *wv. refl.* unite.
verenden, *wv.* end.
vergëben, *sv.* V, poison, infect.

vergëlten, *sv.* III, repay, requite.
vergëʒʒen, *sv.* V, forget, 83.
vergieʒen, *sv.* II, pour over, sprinkle with water.
verhëln, *sv.* IV, conceal.
verhouwen (*pret.* -hiu and -hie, also weak -houte), *sv.* VII, hew in pieces, cut asunder.
verjëhen, *sv.* V, say, tell, relate; give to understand, assure.
verkēren, *wv.* change, turn round; destroy.
verkiesen, *sv.* II, give up, forgo, forget.
verklagen, *wv.* cease to mourn, bear with patience.
verkrenken, *wv.* destroy.
verlāʒen (**verlān**), *sv.* VII, leave off, forsake.
verleiten, *wv.* lead astray.
verleschen, *sv.* IV, become extinguished, extinguish.
verliesen (**vliesen**), *sv.* II, lose, 78.
verligen, *sv.* V, miss through sleeping too long, oversleep.
verlust, *sm.* loss.
vermīden, (*pp.* **vermiten**), *sv.* I, avoid, omit, not to take place, keep aloof from.
vermischen, *wv.* mix, mingle.
vernëmen, *sv.* IV, perceive, observe, get to know.
vërre, *aj.* and *av.* far, far away, distant, 31.
verrihten, *wv.* settle, pass sentence upon.
versagen, *wv.* refuse, deny.
verschaffen, *sv.* VI, do *or* act in a bad manner, spoil, destroy.
verschulden, *wv.* pay back.
versëhen, *sv.* V, observe, recognize; *refl.* hope, dread.
versinnen (**sich**), *sv.* III, arrive at years of discretion; *c. gen.* become conscious of.
versmæhelīch, *aj.* disgraceful, ignominious.
versmæhen, *wv.* despise, mock.
versperren (*pret.* **versparte**), *wv.* shut, close.
versprëchen, *sv.* IV, decline, spurn.
verstān (**-stēn**), *sv.* VI, perceive, understand.
verstōʒen, *sv.* VII, drive away.
versūmen, *wv.* neglect, let slip, spoil.
versuochen, *wv.* try, test.
verswern, *sv.* VI, abjure, deny by an oath.
verswīgen, *sv.* I, forbear talking.
verswinden, *sv.* III, disappear, flee.
vertragen, *sv.* VI, endure, bear.
vertrīben, *sv.* I, drive away, make to pass.
vervāhen, verfāhen, *sv.* VII, reach, bring to pass; **mich vervæhet,** it is of use *or* advantage to me.
vervluochen, -fluochen, *wv.* curse.
verwāʒen, *sv.* VII, ruin; imprecate, curse.
verwëgen, *sv.* V, resolve.
verweinen, *wv.* exhaust by weeping.
verwunden, *wv.* wound.
verwürken (*pret.* **-worhte**), *wv.* lose, forfeit, commit.
verzagen, *wv.* lose courage, withdraw, despair, despond.
verzern, *wv.* consume; destroy.
veste, *sf.* firmness, constancy.
vīant, vīent, vīnt, *sm.* enemy, fiend, 8. 42.

vier, *num.* four, 62.
vier, fier, *aj.* proud, stately, majestic, beautiful; *av.* viere.
vierde, *num.* fourth, 62.
vierzëhen, *num.* fourteen, 62.
vierzëhende, *num.* fourteenth, 62.
vierzic (-ec), *num.* forty, 62.
vierzigeste, *num.* fortieth.
vihe, *sn.* cattle, 46.
vil, *aj.* much, many; *av.* very; *indecl. sb. c. gen.* much, many; vil wēnic ganz *c. gen.* not at all complete *or* whole.
vinden, finden, *sv.* III, find, 9. 4 note, 81.
vinger, *sm.* finger.
vingerlīn, vingerīn, *sn.* ring, 8.
vingerlinc, *sm.* ring.
vinster, *sf.* darkness, 48.
vinster, *aj.* dark, gloomy, 55.
vinsternisse, *sfn.* darkness, 8.
vint = vindet, 74 note.
vīnt, see vīant.
vīol, *sm.* violet.
virren, *wv.* keep away from.
visch, *sm.* fish, 11, 19.
viur, fiuwer, *sn.* fire; lightning.
vlēhen, flēhen (vlēn), *wv.* beseech, implore, 38.
vlëhten, *sv.* IV, plait, 82.
fleisch, *sn.* flesh.
vliegen, fliegen, *sv.* II, fly, 10 note 3, 25, 78.
vliehen, fliehen, *sv.* II, flee, 18, 19, 78.
vliesen = verliesen.
vliez̧en, fliez̧en, *sv.* II, flow, swim; ruin, destroy, 10 note 3, 78.
vlīz̧, flīz̧, *sm.* assiduity, zeal, eagerness, care; ze flīz̧e, diligently, carefully.
vlīz̧ec, *aj.* diligent, 60. 3.
vlīz̧eclīche(n), *av.* diligently, 60. 3.
vluht, *sf.* refuge.

flühtesal, *sf.* flight, escape; security.
vluoch (*pl.* vlüeche), *sm.* curse.
vogel, *sm.* bird, 9. 2, 42.
vögelīn, vogel(l)īn, *sn.* little bird, 8.
vogelsanc, *sm.* song of birds.
vol (-lles), *aj.* full, 15, 31.
volc, *sn.* folk, people.
volenden, *wv.* bring to an end.
volgen, *wv.* follow, accompany.
volgesagen, *wv.* tell fully.
volle, *wm.* abundance, completeness.
vollebringen (*pret.* -brāhte), *wv.* perfect, carry out.
volleclīchen, *av.* fully, entirely.
volleist, *sm.* assistance, succour.
von, *prep.* from, away from, with, about, through, by; von schulden, rightly, properly.
vonme, vomme = von dëme.
vor, *prep.* before, for.
vorbilde, *sn.* pattern, model.
vorder, *aj.* former, front, 59.
vordern, *wv.* further, 90.
vorderste, *aj.* foremost, 59.
vorht, *sf.* fear, dread.
vrāge, *sf.* question.
vrāgen, *wv.* ask, 9. 2, 92.
frävele, *aj.* bold, 10.
frëch, *aj.* courageous, daring, bold, brave; saucy, impudent.
freischen, *sv.* VII, come to know, learn, be told.
vreise, freise, *swf.* horror, what is dreadful *or* horrible.
vremde, fremde (vrömde), *aj.* strange, wonderful; unknown.
vremen, *wv.* perform, 31. 3.
vreude, vröude, fröide, freude, fröude, *swf.* joy, gladness;

fröuden (*gen. pl.*) lam, bereft of joys, pleasures.
vreudelōs, *aj.* joyless.
freuderīche, *aj.* rich in joy, very gratifying.
vreuwen, vrewen, vreun, freuwen, frewen, freun, *wv.* cause to rejoice, rejoice, gladden, give pleasure to, be glad. See vröuwen.
vrevel, *sf.* audacity, insolence.
frevellīchen, *av.* insolently, boldly, with impudence.
vrëȝȝen, *sv.* V, devour, 83.
vrī, *aj.* free, unrestrained, unmarried.
vride, fride, *sm.* peace, truce; protection, safety, 3, 19, 43.
vrid(e)lich, *aj.* peaceful.
vrīe, *sf.* freedom.
vrīe, *wm.* freeman.
frīen, frījen, frīgen, *wv.* free, 35.
vriesen, *sv.* II, freeze, 78.
vrisch, frisch, *aj.* fresh, new.
vrist, *sf.* time.
vristen, *wv.* keep alive, protect, rescue.
vriundinne, *sf.* female friend, 8, 48.
vriunt, friunt, *sm.* friend, 42.
vrō, frō, *aj.* and *av.* glad, joyful.
vrœlīch, *aj.* joyful; *av.* vrœlīchen.
vrömede = vremde.
vrömede, *sf.* absence.
frosch, *sm.* frog.
vröuen, vröuwen, fröwen, *wv.* gladden, give pleasure to; be glad, 10. See vreuwen.
vrouwe, frouwe, frowe (vrou, frou, frō, before proper names), *wf.* lady, madam, 9. 6, 10; ze frowen, as wife.
vröuwelīn, frouwelīn, *sn.* little girl, maid, miss.
vruht, *sf.* fruit.

vrum, *aj.* brave, active, excellent, useful.
vrumen, frumen, *wv.* benefit, be of use *or* advantage.
vruo, *av.* early.
vüegen, füegen, *wv.* procure, bring to pass; grant.
vüeren, füeren (*pret.* fuorte), *wv.* lead, carry, remove.
fuhs, *sm.* fox, 19.
vūl, *aj.* bad, rotten.
vülle, *sf.* fulness, 15.
füllen, *wv.* fill, 90.
funden, *pp.* of finden.
vünf, funf, finf, *num.* five, 19, 62.
fünfte, finfte, *num.* fifth, 62.
vuoge, *sf.* becomingness, decency.
fuore, *sf.* manner of life; way of acting.
vuoȝ, fuoȝ (*pl.* vüeȝe), *sm.* foot, 10, 44.
vür, für, *prep.* and *av.* for, before, over, against; für guot haben, be content with, put up with; für iuch, past you; für sie, past them; für tōren kleit, as fool's clothing; vür wār, in truth, truly.
vürbaȝ, fürbaȝ, *av.* further.
vürhten, fürhten (*pret.* vorhte), *wv.* fear, dread, 15, 90.
vürnames, *av.* in the full sense of the word.
vürste, fürste, *wm.* prince; ein dīn fürste, one of thy princes.
vurt, furt (*pl.* fürte), *sm.* ford, bed of a river.

W

wā, *av.* where, whither, 39.
wāc (-ges), *sn.* moving water, flood.
wacker, *aj.* watchful, 31. 2.
wæjen (wæn), *wv.* blow, 90.

Glossary

wænen (*pret.* wānde), *wv.* think, fancy, 90.
wærlīchen, *av.* in truth, truly.
wætlīch, *aj.* beautiful.
wætlīche, *sf.* beauty.
wāfen, *sn.* weapon, sword.
wāfenen, wāpenen, *wv.* arm, equip, array. See wāpen.
wage, *wf.* cradle.
wāge, *sf.* balance, scale.
wagen, *sm.* wagon, 49.
wahsen, *sv.* VI, grow, 10, 85.
wal, *sf.* choice, 48.
walden, *sv.* VII, have power over. See walten.
Wāleis, *pn.* Valois in France, inhabitant of Valois.
wallen (*pret.* wiel), *sv.* VII, boil, bubble, 87.
walt (-des), *sm.* wood, forest.
walten (with *gen.*), *sv.* VII, have power.
wan, *aj.* empty, bereft of.
wan, *av.* besides, but only; niht wan, only, nothing but; wan daz, only that, if—not; wan unz, whilst, as long as; wan dëm einen, except for the one.
wan (wande, want), *conj.* for, if, because, then, 9. 6.
wān, *sm.* faith, hope, mood.
wanc (-kes), *sm.* inconstancy, disloyalty, unfaithfulness, changeableness.
wandel, *smn.* change, fickleness; fault, defect, failing.
wandeln, *wv.* wander, 9. 2, 90.
wange, *wn.* cheek, 50.
wängelīn, *sn.* little cheek.
want, *sf.* wall.
wāpen (with *sich*), *wv.* arm oneself. See wāfenen.
wāpen, *sn.* weapon, 46.
wāpenen, see wāfenen.
wāpenroc, *sm.* upper-garment drawn over the coat of mail.

war, *av.* where, whither; war umbe, wherefore, why; war zuo, for what purpose.
war, *sf.* attention, observation; war nëmen, give attention.
wār, *sn.* truth; right; wār haben, be right.
wār, *aj.* true, right, real.
wārheit, *sf.* truth.
wārinne, *av.* wherein, 39.
wärmen, *wv.* to warm, 5, 10.
warnen, *wv.* equip, prepare.
warten (*pret.* warte), *wv.* wait; look, view, 9. 2.
was, wasse, *aj.* sharp, 55.
waschen (weschen), *sv.* VI, wash, 85.
waste, *sf.* desert.
wāt, *sf.* clothing, dress.
waten, *sv.* VI, wade, 85.
waz, *pr.* what, 19, 23. 1, 70; *av.* why, wherefore.
wē (*gen.* wēwes), *sn.* woe, pain; wē tuon, hurt, 17, 46; *interj.* wehe, wē, woe! alas!; mir ist wē, I am sad.
wēben, *sv.* V, weave, 28, 83.
wëc (-ges), *sm.* way; homeward journey, 5, 11.
wecken (*pret.* wacte, wahte), *wv.* awake.
wëder, *pr.* who of two, which of two, 70, 71 ; wëder—noch, neither—nor.
wegen, *wv.* move, swing.
wëgen, *sv.* V, weigh, poise ; put in motion, 83.
wëhsal (-el), *smn.* change, 8.
weich, *aj.* weak.
weideganc (-ges), *sm.* hunting way *or* path.
weinen (*pres. part.* weinde for weinende), *wv.* weep, bewail ; also *sn.*
weise, *wm.* orphan ; precious stone in the royal crown.
weizgot, *interj.* verily.

Glossary

welich, welch, *pr.* which, what kind of, 11, 70, 71.
wellen (*pres. sing.* wil, *pret.* wolte), *anom. v.* will, wish, 98; got dës niht enwelle, may God forbid it.
weln, welen, wellen, *wv.* choose, 90.
wenden (*pp.* gewant), *wv.* with *gen.* turn, prevent, hinder, turn away, 32. 3.
wēnic, *aj.* little, small; *indecl. sb. c. gen.* little.
wenke, *sf.* turning, turn, change.
wenken, *wv.* totter, stagger, waver.
wer, *sf.* defence; protection; battle.
wër, *neut.* waʒ, *pr.* who, what; wës, *av.* wherefore, 9. 6, 70.
wërben, *sv.* III, turn, go to and fro, strive, work, be active, 33.
wërde, *aj.* worthy, noble.
wërdekeit, wërdikeit, *sf.* worthiness, respect, honour, excellence.
wërden, *sv.* III, become, be, be born, 9. 4 note, 38, 81; wërden wol innen, perceive clearly; wërden buoʒ with *dat.* of pers. and *gen.* of thing: dëm wirt kumbers buoʒ, he has compensation for his grief; wërden rāt *c. gen.* be a remedy.
wërdiclīchen, *av.* worthily.
wërfen, *sv.* III, throw, set in quick motion, 10 note, 23. 2, 81.
wërlt, wërelt, wëlt, *sf.* world, people; dër wërelde riuwe, great sadness *or* grief, lit. sadness of the world.
wërltlīch, *aj.* worldly, earthly.

wërlttōre, *wm.* one befooled by the world.
wërltzage, *wm.* arrant coward.
wern (weren), *wv.* check, ward off from, restrain, hinder, 90; *c. gen.* and *sich*, protect *or* defend oneself against.
wern, *wv.* last, hold out, continue.
wërren (with *dat.*), *sv.* III, perplex, confuse, trouble, disturb, be a hindrance, 81.
wërt (-des), *aj.* worthy, noble; *snm.* respect, good fortune; *av.* wërde.
wës (*gen.* of waʒ), *av.* why, wherefore.
wësen, *sv.* V, be, 19, 83; wësen gāch *c. gen.* of person: hasten, exert oneself, eagerly.
wëter, *sn.* weather, 46.
wetzen, *wv.* whet, sharpen.
wider (widere), *sm.* wether, 9. 2.
wider, *prep.* against, to; *av.* again, back.
widersagen, *wv.* renounce; proclaim war; contradict.
widerstān, *sv.* VI, resist, withstand, be opposed to.
widervarn, *sv.* VI, fall to the lot of.
widerzæme, *aj.* revolting, hateful, disgusting.
wie, *av.* and *conj.* how, as, that.
wīgant (-des), *sm.* warrior, 8.
wīhen, *wv.* consecrate, bless.
wilde, *aj.* untamed, wild, 55.
wīle, wīl, *sf.* time, while; die wīle, meanwhile, in the meantime.
wīlen(t), *av.* formerly, once upon a time.
wille, *wm.* will, wish, desire.

Glossary

willeclīch, *aj.* willing, wishing; *av.* **willeclīchen.**
willekomen, *aj.* and *av.* welcome.
wilt (-des), *sn.* wild animals, game.
wīn, *sm.* wine, 3, 19.
winden, *sv.* III, wind, bind up, 81.
wine, *sm.* friend.
wint (-des), *sm.* wind, 14. 1.
winter, *sm.* winter.
wīp (-bes), *sn.* woman, wife, 5, 11.
wīpheit, *sf.* womanliness.
wīplīch, *aj.* womanly.
wirde, *sf.* worthiness, dignity, honour, honourableness.
wirden, *wv.* make valuable.
wirs, *av.* worse, 61.
wirser, *aj.* worse, 58.
wirsest, wir(se)ste, *aj.* and *av.* worst, 9. 5, 58, 60, 61.
wirt, *sm.* head of a house, landlord; dër helle wirt, devil.
wirtinne, *sf.* mistress, hostess, 8.
wīse, wīs, *aj.* wise, sensible, experienced, 28.
wīse, wīs, *sf.* manner, melody, song.
wīsen, *wv.* guide, direct.
wīsheit, *sf.* wisdom.
wīslīch, *aj.* wisely, 8; *av.* **wīslīchen.**
wīt, *aj.* far, wide.
witze, *sf.* understanding, sense; reflection.
wiz, *aj.* white.
wizen (with *dat.*), *sv.* I, reproach, blame.
wizzen, *pret.-pres.* (*pres.* weiz, *pret.* weste, wiste, wesse, wisse), know, 5, 11, 28, 92.
wol, wole, *av.* well, 5, 9. 1, 61; **wolgezogen,** well-mannered; **wol getān,** beautiful; wol im, happy *or* lucky is he!; wol dir, hail to thee; wol mich, happy am I!; wol tuon *c. dat.* do good, please; wol ir dës, good luck to her for that!
wolf, *sm.* wolf, 15.
wolken, *sn.* cloud.
wolle, *wf.* wool, 15.
wollust, *smf.* joy, bliss, happiness.
wonen, *wv.* dwell, live, 9. 4; mir wont bī, I possess.
wort, *sn.* word, speech, 46.
wüllīn, wullīn, *aj.* woollen, 15.
wülpinne, *sf.* she-wolf, 15.
wunde, *wf.* wound.
wunder, *sn.* wonder, marvel; a great amount *or* number, abundance; bluomen wunder, a great quantity of flowers.
wunderalt, *aj.* very old.
wundern, *wv.* wonder, wonder at, admire, 9. 2.
wünne, wunne, *sf.* joy, pleasure, 10 note 2.
wünneclīch, wunneclīch, *aj.* joyful, delightful, beautiful, pleasant; *av.* **wünneclīche(n).**
wunsch, *sm.* wish, ideal, perfection, highest perfection.
wünschen (with *gen.*), *wv.* wish, desire, 90.
wunschlëben, *sn.* such a life as one could wish for.
wunt (-des), *aj.* wounded.
wuof, *sm.* cry of woe.
wuofen, *sv.* VII, bewail, 87.
würgen, *wv.* take by the throat, choke, throttle.
würken, wurken (*pret.* worhte), *wv.* work, 28, 91.
wurm, *sm.* worm, snake, 5.
wurze, *wf.* root, plant.
wurzel, *swf.* root.

Z

zageheit, *sf.* cowardice.
zaher, *sm.* tear, 5, 10.
zal, *sf.* number, 9. 1, 31. 3, 48.
zant, zan (*gen.* zandes), *sm.* tooth, 43.
ze (zuo), *prep.* at, in, to, as much as, (undergoes contraction with the def. art.); ze bruoder, as brother; ze rëhte, rightly, properly; ze handen haben, possess; *av.* too : ze sēre, too much.
zebrëchen, zerbrëchen, *sv.* IV, break, break in pieces.
zehant, *av.* at once, on the spot.
zēhe, *wf.* toe.
zëhen, *num.* ten, 5, 62.
zëhente (-de), *num.* tenth, 62.
zëhenzic (-ec), hundred, 62.
zëhenzigeste, *num.* hundredth, 62.
zeichen, *sn.* sign, mark, token, 23, 1.
zeigen, *wv.* show, 33.
zeim = ze einem(e).
zeln, *wv.* reckon, count, 31. 3, 90.
zëme, zëm = ze dëme, 68 note 2.
zëmen, *sv.* IV, suit, be becoming *or* fitting, 82.
zën = ze dën, 68 note 2.
zër = ze dër, 68 note 2.
zergān, -gēn, *sv.* VII, vanish, stop, perish.
zerren (*pret.* zarte), *wv.* pull, tug, tear.
zerwirken (*pp.* zerworht), *wv.* cut up, dissect.
zesamene, *av.* together.
zëse (-wes), *aj.* right.
zestunt, *av.* on the spot.
zeswëllen, *sv.* III, swell to the utmost.
zewāre, zwār, *av.* in truth, truly.
ziehen, *sv.* II, draw; *refl.* withdraw, 10, 23. 1, 30, 78.
zierde, *sf.* adornment, 9. 2.
zieren, *wv.* adorn, decorate.
zīhen, *sv.* I, accuse, 76.
zil, *sn.* aim, object.
zimieren, *wv.* furnish with knightly accoutrements.
zinsen, *wv.* give as interest, give away.
zir = ze ir.
zirke, *wm.* garland, circle, prince's crown.
zirkel, *sm.* prince's crown.
zīt, *sf.* time, 19.
zobel, *sm.* robe furred with sable.
zorn, *sm.* anger.
zornecliche, *av.* angrily, violently.
zücken (*pret.* zuhte), *wv.* pull quickly, tear.
zuht, *sf.* bringing up, education; good manners, politeness, demeanour; chastisement, punishment; **mit zühten,** becomingly, gracefully, politely.
zühtelōs, *aj.* ill-bred, rude, insolent.
zunft, *sf.* propriety, dignity, good breeding.
zunge, *wf.* tongue, 3, 7, 23. 53.
zuo, *av.* to, toward; to it; zuo zwein, into two. See ze.
zuome = zuo dëme.
zürnen, zurnen, *wv.* be angry.
zwei, *num.* two, 35, 62, 63.
zweien with sich, *wv.* fall out, quarrel; pair.
zweinzic (-ec), *num.* twenty, 62.

Glossary

zweinzigeste, *num.* twentieth, 62.
zwelf, *num.* twelve, 62.
zwelfte, *num.* twelfth, 62.
zwēne, zwei, zwō (*gen.* zweier, zweiger, *dat.* zwein), two, 35, 63.
zwī, zwic (*gen.* zwīges, zwīes), *snm.* twig, bough, 35.

zwīfeln, *wv.* doubt, 9. 2.
zwischen, *prep.* between.
zwīvel, zwīfel, *sm.* doubt, uncertainty; *aj.* doubtful, 55.
zwīvellīch, *aj.* doubtful, uncertain, dejected.
zwīvellop (-bes), doubtful *or* ambiguous praise.

MMVIII

www.ingramcontent.com/pod-product-compliance
Lightning Source LLC
Chambersburg PA
CBHW070737160426
43192CB00009B/1471